歴史文化ライブラリー

182

吉川弘文館

大工道具の日本史

渡邉　晶

目次

手道具の歴史と人類の未来—プロローグ……1

木の建築をつくる技術と道具

植生と建築用材……10
木の建築の構法と部材接合法……16
木の建築の工作技術……23
木の建築をつくる工人……27
建築生産と道具編成……30

大工道具の誕生　旧石器から縄文時代

縄文時代の建築用材……36
揺籃期の建築構法と部材接合法……38
縄文時代の建築工作技術……45
建築工人の誕生……50
縄文時代の建築を復元する……53

鉄器の導入と大工道具の発展　弥生・古墳時代
広葉樹から針葉樹へ …… 62
弥生・古墳時代の建築構法と部材接合法 …… 65
石器から鉄器へ …… 73
渡来した新しい建築技術　古代・中世
古代・中世の建築用材 …… 88
仏教寺院建築の伝来 …… 92
建築工作技術と仏教の伝来 …… 100
文献にみる建築技術 …… 117
大工たちの近世
近世の建築用材 …… 132
成熟する建築技術 …… 136
職人たちの時代 …… 140
完成へと向かう大工道具 …… 159

多様化する大工道具と技術

最高水準に達した大工道具……172
大工道具の発達史……179
道具発達史における階層性……186
大工道具の一万年―エピローグ……191
あとがき
参考文献

1　手道具の歴史と人類の未来

手道具の歴史と人類の未来――プロローグ

「法隆寺をつくったのは誰？」

読者の皆さんは、こんなクイズを耳にされたことがあると思う――「法隆寺をつくったのは誰？」。小学校の社会科の授業では、「聖徳太子」が正解。しかし「□肉□食」の漢字テストを「焼肉定食」と答える例と同様、「大工さん」と答えた場合、それは誤りなのであろうか。

建築をつくり上げるシステムの中では、「聖徳太子」は工事の発注者（施主《せしゅ》）、「大工さん」は工事に従事する建築専門工人《こうじん》で、筆者はいずれの答えも正解だと思う。

第二問――「法隆寺を何でつくったか？」。この答えも、「仏教を広めるためにつくった」「木でつくった」「道具でつくった」等々、いくつか考えられる。これらも、建築造営の目的、建築の材料、建築をつくる道具、と建築生産システムにおけるいくつかの要素を言い当てている。

本書は、わが国の建築生産の歴史を、次のいくつかの要素に着目して概観することを目的としている。

①わが国では、木を材料とする建築が古くからつくられてきたが、どういう木（樹種）を使ってきたのだろうか（建築用材）。

②建築の場合、強風や地震などで倒れないようにしなければならないが、木をどのように組み立て、どのように結合したのだろうか（建築構法と部材接合法）。

③木を切ったり削ったりするために、どういう刃をもつ道具を、どのように使ったのだろうか（建築工作技術）。

④木を材料とする建築にもさまざまな大きさがあるが、それぞれにどういう技術をもった人たちが、どういう役割分担で建築をつくってきたのだろうか（建築工人）。

⑤建築をつくるということは、何もない空間に、最小一人から数人、数十人、数百人、といった人々が利用できる有形物をつくること、すなわち無から有をつくり出す行為である。それは、どういうプロセスによって可能となるのであろうか（建築生産工程）。

各段階では、主としてどういう道具が使われたのであろうか（道具編成）。

なぜ昔のことがわかるのか

筆者は、建築学の中で、建築史学という学問分野の研究に従事している。建築史学分野においては、住宅・神社・寺院などの種類別建築史研究を横糸とすれば、構造・意匠・生産組織などの建築生産史研究を縦糸として研究活動が展開され、「建築史学」が織り上げられてきたといえる。

本書は、縦糸としての建築生産史分野において、前述した建築用材、建築構法と部材接合法、建築工作技術、建築工人、建築生産工程と主要道具、といった内容を記述している。それらの中でも、つくられたもの（建築）とつくる人（建築工人）の間に位置し、建築工人の手の延長として木を工作する道具に着目し、その発達史が、他の諸要素とどのように関連しているのか、という点に記述の重点を置いている。

木の建築をつくる道具の発達史を研究する場合、文献資料・絵画資料・実物資料・建築部材（刃痕《じんこん》）の四種類の資料が基本となる（基本四資料）。

第一に文献資料は、基本四資料の中で、最も抽象度の高い情報をもっている。たとえば、道具の名称や由来などは、文字によって記されていてはじめて知ることができるもので、他の三資料からは得られない情報である。

第二に絵画資料は、道具の使用法を知るうえで、きわめて重要である。また中世以前においては、挿図（道具図）入りの文献資料が今のところ見当たらないことから、道具の形状やその変化を知るうえでも貴重である。

第三に実物資料は、伝世資料と発掘資料に大別できる。前者は、使用職種の明らかなものが多く、銹化《しゅうか》（鉄がさびること）がすすんでいない場合、製作（鍛造《たんぞう》）技術なども観察できる。後者は、使用職種不明のものが多いが、考古学分野の精緻な発掘方法によって、時代を明らかにすることができる。いずれにしても実物資料には、形状・材質・寸法・構造などの諸要素に関する豊富な情報が含まれている。

そして第四に建築部材（刃痕）は、道具刃部の性能や形状・寸法などを知るうえで貴重である。

これらの基本四資料を詳細に調査することによって、昔の建築技術と道具のことが、いろいろとわかってくる。

基本四資料の時代による制約

まず、縄文・弥生・古墳時代に関しては、その当時製作された文字資料や絵画資料がほとんど残っていない。この時代のものとしては、実物資料と建築部材（刃痕）とが貴重な研究対象となる。

古代になると、研究資料として文献が加わる。絵画資料も少数例見られるが、道具発達史研究の対象となるのは数点である。

中世の場合、豊富な絵画資料が残されており、この時代になって、道具発達史研究の基本四資料が出揃う。

そして近世には、それらの内容がさらに充実してくる。たとえば、古代・中世の文献資料には、それぞれの時代における道具の名称・用途・由来などがわずかに記されているだけであるが、近世には道具形状を示す挿図入りのものもあらわれ、豊富な情報を得ることができる（渡邉　二〇〇四）。

なお、本書における時代区分は、建築史学や考古学分野などで用いられている区分を参考として、次のように設定しておく（文化庁　一九八七、浅川　一九九八）。

・旧石器時代　約一三〇〇〇年前以前

・縄文時代

　草創期　約九五〇〇年前以前

　早　期　約六一〇〇年前以前

　前　期　約四八〇〇年前以前

中　期　約四〇〇〇年前以前
後　期　約三〇〇〇年前以前
晩　期　約二千数百年前以前
・弥生時代　紀元後三世紀以前
・古墳時代　紀元後六世紀以前
・古　代
飛鳥時代　五九三年から七〇九年まで
奈良時代　七一〇年から七九三年まで
平安時代　七九四年から一一八四年まで
・中　世
鎌倉時代　一一八五年から一三三二年まで
室町時代　一三三三年から一五七二年まで
・近　世　一五七三年から一八六七年まで

機械生産と手づくりの調和

いま、効率最優先で突き進んできたことへの反省、そこで失ってしまった自然や心の豊かさなどを回復する動きが生まれてきている。

工場で機械により大量生産された画一的で均質なものを使い捨てするのではなく、職人の手づくりによって生産された個性あるものを、一生使いつづけようとする人々も増えつつあるように思われる。

個性や多様性を認めあうことが、わが国だけでなく、人類全体の未来にとってきわめて重要であることを、多くの人々が気づきはじめている（村松　一九九七）。

現代における木の建築をつくる現場では、工場での機械加工を含め、電動工具などがかなりの比重で使われ、それは今後も続くであろう。ただ、木の建築をつくる行為は、自然界で生育してきた、ひとつとして同じものがない樹木と、手道具を介して、建築工人が対話をしていく過程とみることができる。手道具の刃先を通して伝わってくる、個性ある木材繊維の多様性を知ることは、木の建築を生産するうえで、最も基本に据えるべき経験ではないだろうか。

これは建築にたずさわる人だけではなく、多くの人々、特に子供たちにとっても重要なことだと考える。自然の中で生育した木を、ナイフで削ってみる。木材繊維の状態や硬軟など、ひとつとして同じものがないことに気づく。自然界にあるものは、それぞれに個性があり、その一部である人間も、一人ひとりが個性に満ちあふれていることに気づく。こうした経験は、人類の未来にとって、きわめて重要なことだと考える。

数百万年に及ぶ石器を手道具とした歴史、わが国での約二〇〇〇年にわたる鉄製手道具の歴史、これと比較したとき、機械による建築生産の歴史は、わずか数十年である。

機械生産と手づくりの調和が重要となるだろう。本書は、手道具による建築生産の歴史を記述し、その歴史の中から、私たちの未来を考えること、そのことにわずかでも寄与することを目的に執筆した。

木の建築をつくる技術と道具

植生と建築用材

針葉樹と広葉樹

木を材料とする建築の用材は、針葉樹と広葉樹とに大別される。ヒノキ、スギ、マツなどの針葉樹は、約二億年前、地球上に出現した裸子《らし》植物で、その繊維は仮導管《かどうかん》だけで構成される原始的な構造をもつ。多くの針葉樹は、森林として群生することによって生きつづけている。

クリ、クスノキ、ケヤキなどの広葉樹は、約一億年前に出現した被子《ひし》植物で、その繊維は空気孔である導管を有する複雑な構造である。広葉樹も森林を形成しているが、一本だけでも生育する力を備えている。

木材の繊維はセルロースでつくられ、その細胞の中には生命の維持に必要な水（結合水）を貯え、細胞の間には枝葉へ供給するための水分（自由水）を有している。伐木《ばつぼく》すると、まず自由水が放出されるが、その間、木材の収縮はない。自由水がすべて放出された状態の水分量（繊維飽和点）は、どの木材にも共通で、含水率二五％である。結合水の放出がはじまると収縮が起こり、木材の外形に変化が生ずる。建築を構成する部材となった木材は、自然環境の変化に応じて水分の吸収と放出を繰り返し、一定の含水率（平衡含水率）におちついていく。たとえば、太平洋側の地域での建築部材の平衡含水率は、一五％前後である（『古代住居・寺社・城郭を探る』一九九九）。

地球史の時代区分と日本列島

今から一〇〇〇万年前から五〇〇万年前ころに誕生した人類が、打製石器を用いて生活していた旧石器時代は、古生代・中生代・新生代という地球史の時代区分において新生代に属し、その中の更新世《こうしんせい》に該当している。この時期は、氷期と間氷期が繰り返し訪れた大氷河時代である。氷期には高緯度地域や高山地帯が氷におおわれていたため海水面が低く、間氷期にはそれらの氷が溶けて海水面が上昇した。

わが国の場合、日本列島が南と北の陸橋で大陸とつながっていたが、約一三万年前の最終間氷期に南の陸橋が途切れ、最終氷期の終わる約一万三〇〇〇年前に北の陸橋も途切れた。

このようにして、完新世のはじまりとともに、日本列島は大陸から完全に切り離されてしまった（『日本歴史館』一九九三）。

わが国の植生の歴史

最終氷期の中で、約六万年前と約二万年前は、特に寒い時期であった。この時期に、東北日本ではエゾマツ、トドマツなどの針葉樹が、西南日本ではトウヒなどの針葉樹と、ナラ、シラカバなどの落葉広葉樹が生育していた。

最終氷期の約二万年前に九州南部まで南下していた寒帯前線は、約一万年前からの温暖化にともなって、しだいに北上していった。植生の変化には、かなりの時間を必要とし、約七〇〇〇年前から六〇〇〇年前にかけて、西南日本ではカシやシイなどの常緑広葉樹林が、東北日本ではブナやナラなどの落葉広葉樹林が、それぞれ形成された。また冬の寒さで常緑広葉樹林が育ちにくく、夏の暑さで落葉広葉樹林が育ちにくい地域、いわば両者の中間森林帯にクリが生育した。

さらに、約四〇〇〇年前から三〇〇〇年前にかけて、気温がやや低下し、雨量が増加したことにより、西南日本に、ヒノキ、スギ、マツなどの針葉樹林が形成された。これが、その後、弥生時代以降の建築用材の供給源となる（前掲『日本歴史館』）。

文献に記された建築用材

八世紀に編まれたとされる『日本書紀』巻一に素戔嗚尊《すさのうのみこと》の言葉として、

鬚髯《ひげ》を抜き散じて杉となし、胸毛を抜き散じて檜《ひのき》となし、尻毛《かくれげ》を柀《まき》となし、眉毛を櫲樟《くす》となし、（中略）杉と櫲樟は浮宝用材とし、檜は瑞宮《みずのみや》用材とし、柀をもって奥津棄戸《おきつすたへ》を作れ、

といった主旨の記述がある。

すなわち、ヒノキは宮殿用材に、スギとクスノキは船の用材に、マキは木棺《もっかん》の用材に、とそれぞれ目的に応じた木材の使い分けに関する経験則が明文化されている。これらは、七世紀以前における木工文化の蓄積を反映したものと考えられる。

ヒノキ、スギ、マキは針葉樹、クスノキは広葉樹であるが、縄文時代に建築用材として盛んに利用（後述）された広葉樹のクリに関する記述は見当たらない。

わが国の主要建築用材

全国で発掘された木質遺物の樹種が掲載されている報告書、約三〇〇〇冊をもとに、縄文時代から近世にいたる樹種利用の状況を明らかにした貴重な研究文献がある（『先史時代の木造建築技術』二〇〇〇）。

この樹種利用の集計は、建築用材に限らず、さまざまな木製品を含めたものである。こ

表1　わが国の主要建築用材

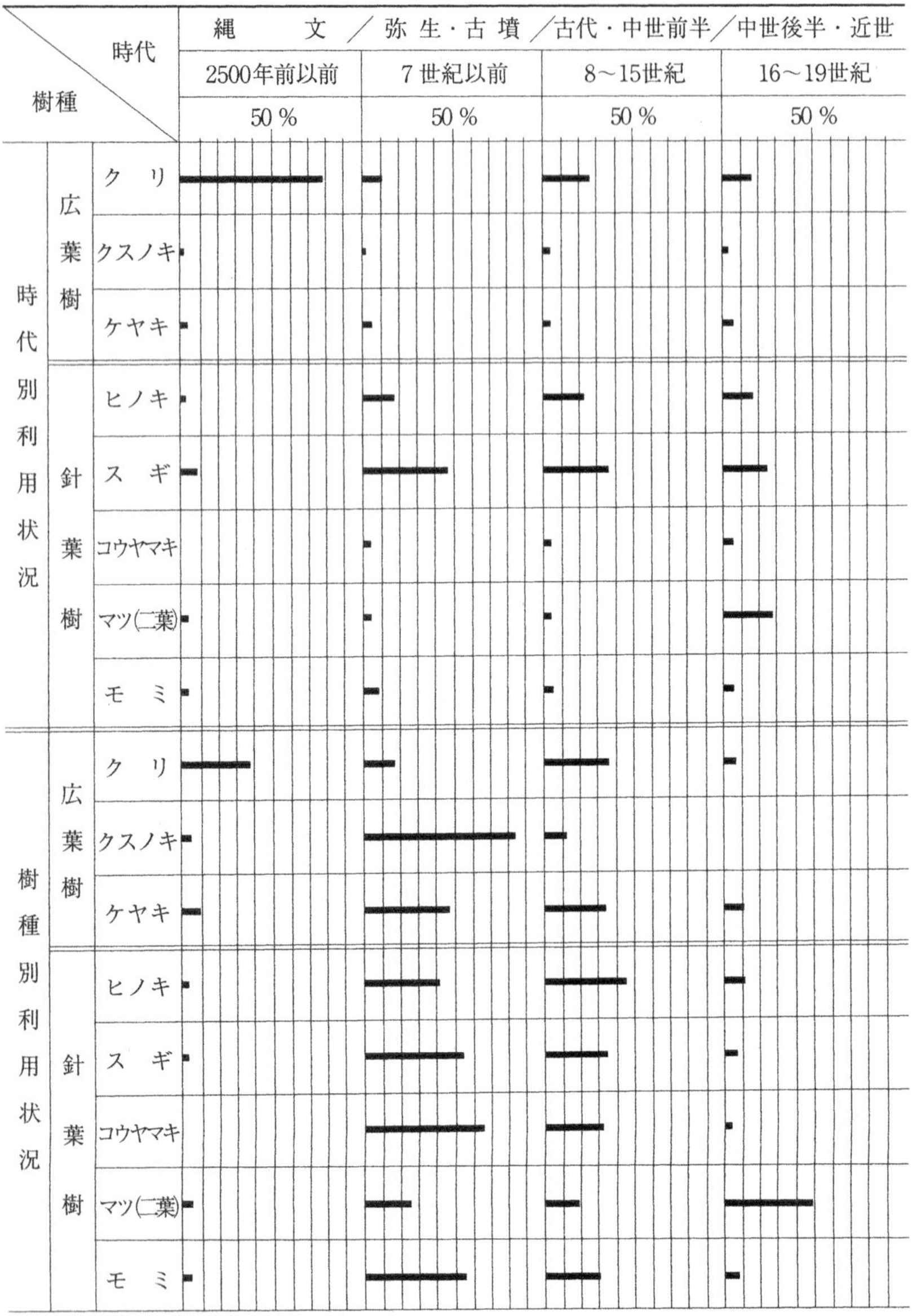

注：原データ：山田昌久「考古学から見た建築材・構造部材」『先史時代の木造建築技術』
木造建築研究フォラム 2000 より

の点に留意しつつ、わが国で建築用材として多く利用されてきた広葉樹（クリ、クスノキ、ケヤキ）と針葉樹（ヒノキ、スギ、コウヤマキ、マツ、モミ）に着目して、次章以降で時代別の傾向を記述する（表1）。

木の建築の構法と部材接合法

木の建築の構法

建築は、住まいとして用いられるものの他に、宗教や政治などの特別な目的に用いられるものがある。また、建築群としてひとつのまとまりを形成する場合、中心的な機能をもつものと、付属的な機能をもつものに分かれることもある。

これらの建築の機能と関連して、地盤に対する床面の位置によって、①平地《へいち》形式（地盤と床面が同一の高さ）、②竪穴《たてあな》形式（地盤より床面が低い）、③高床《たかゆか》形式（地盤より床面が高い）、などの種類がある。

建築は、基礎・軸部・屋根などの部位によって構成されている。これらのうち、基礎構造には、①掘立《ほったて》構造（柱穴によって柱下部を固定）、②土台立《どだいだて》構造（地盤上に据えた水平材の上に柱を立てる）、③礎石立《そせきだて》構造（地盤上に据えた礎石の上に柱を立てる）、などの種類がある。また、軸部構造には、①斜材（ドーム状含む）だけの構造、②水平材（ログ）だけの構造、③垂直材（柱）と水平材（梁《はり》・桁《けた》など）による構造、などの種類がある。

これら、地盤に対する床の位置、基礎構造、軸部構造などの組み合わせによって、わが国では、数千年前からさまざまな構法の建築がつくられてきた（図1）。

基礎構造

基礎が掘立の場合、構造力学上は固定端となるため、柱の上部をつながなくても自立できる構造である。しかし、屋根を含めた上部荷重を、柱の断面積だけで地盤に伝えることになり、建物の不同沈下などを起こす弱点がある。軸部構造は、梁・桁などのわずかな水平材でつなげばよいが、上部荷重を小さくおさえておく必要上、屋根は草葺《くさぶき》などであった。

一方、基礎が礎石立の場合、構造力学上は自由端《たん》で、柱上部をしっかりつながなければ倒れてしまう構造である。しかし、柱にかかる上部荷重は、礎石を介して地盤に伝えられるために、比較的大きな荷重にも耐えることができた。

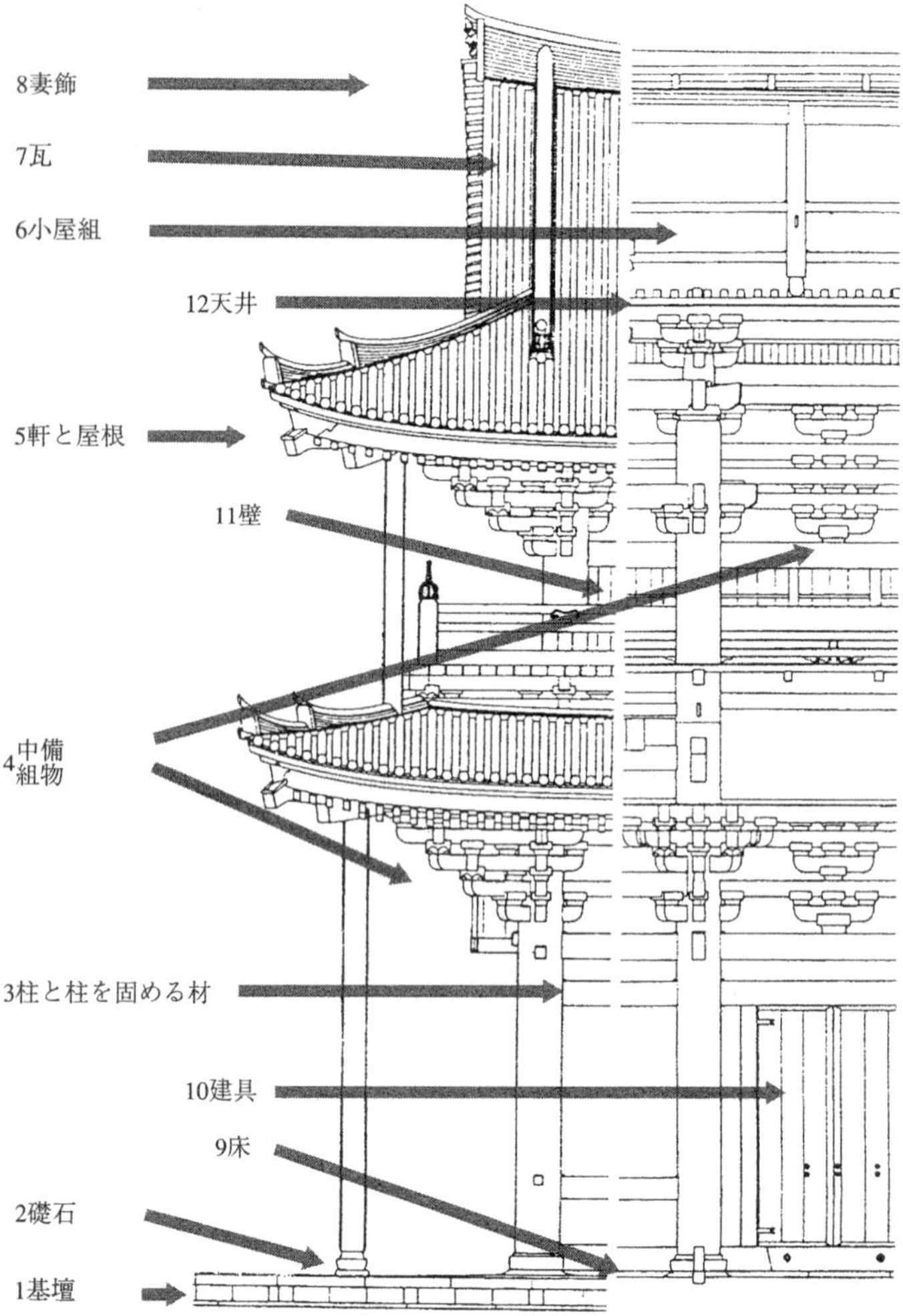

図１　木を材料とする建築の構造と主要部位名称（太田博太郎監修・西和夫著『図解古建築入門』彰国社，1990より転載）

軸部構造

竪穴《たてあな》形式や平地形式の建築よりも高度な技術を必要とする高床形式の建築構法には、通し柱によって床上と床下を一体の構造としてつくる構法（高床一体構法）と、床上と床下が構造的に分離できる構法（高床分離構法）とがある。

高床一体構法は、基本的に垂直材（柱）と水平材（大引《おおびき》・梁・桁など）とを接合させた構造となるが、高床分離構法は、床上と床下それぞれの構造の組み合わせによって、少なくとも六タイプが想定される（表2）。

建築部材接合法

木の建築を構成する部材の接合法は、自然木の枝分れ部分（股木《またぎ》）などを利用する方法（股木接合）と、部材になんらかの加工をほどこして接合する方法（加工接合）とに大別できる。

後者の方法には、①一材の長さを増すための工法（継手《つぎて》）、②二材以上をある角度で接合させる工法（仕口《しくち》）、③材を二軸方向に伸展させる工法（矧《はぎ》）、などの種類がある。

接合部そのものの形状に関しては、古代以降の歴史的建造物の接合部（実物資料）や文献資料などをもとに、①突付《つきつ》け、②殺《そ》ぎ、③留《と》め、④竿《さお》、⑤枘《ほぞ》、⑥蟻《あり》、⑦相欠《あいか》き、⑧略《りゃく》鎌《かま》、⑨目違《めちが》い、⑩鎌《かま》、⑪欠込《かきこ》み、⑫大入《おおい》れ、⑬輪薙込《わなぎこ》み、⑭貫通《ぬきとお》し、⑮渡《わた》り腮《あご》、⑯三枚組《さんまいぐみ》、⑰腰掛《こしか》け、などが基本形として抽出されている（図2）。

表2　高床建築の構造

分類＼構法＼部位		床上			床下		
		F_1	F_2	F_3	F_1	F_2	F_3
高床分離構法	Ⅰ	○				○	
	Ⅱ	○					○
	Ⅲ		○			○	
	Ⅳ		○				○
	Ⅴ			○		○	
	Ⅵ			○			○

1）構法分類……F_1：斜材だけ，F_2：水平材だけ
　　　　　　　F_3：垂直材と水平材

2）高床分離構法の分類：$\frac{\text{床上(軸部)}}{\text{床下}}$

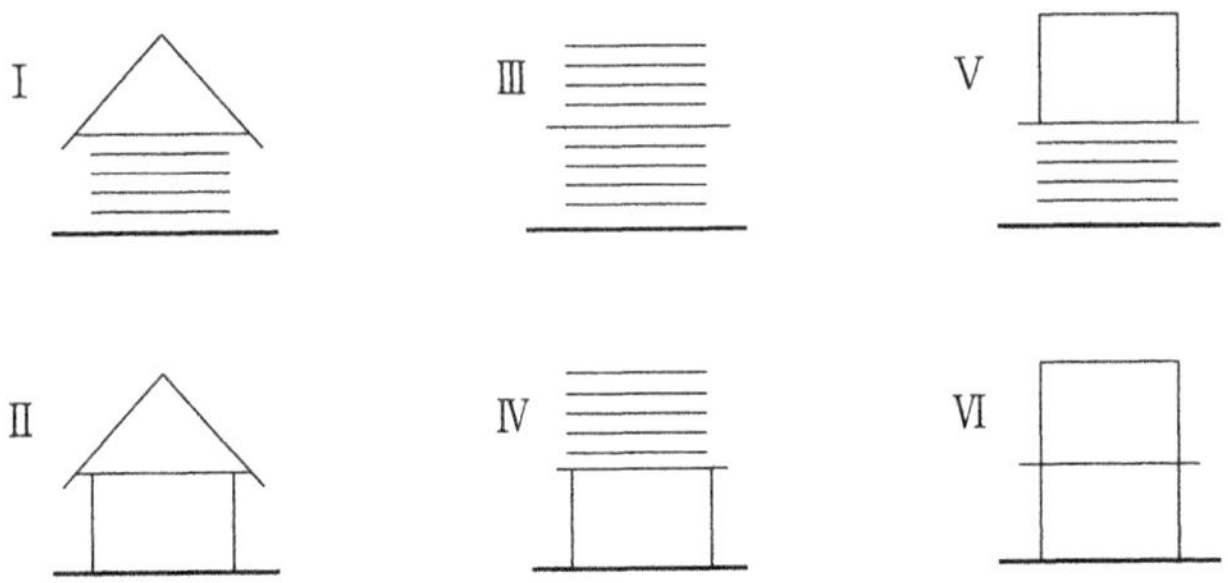

注：床下と床上とが構造的に分離している場合，その上下で採用される
　構法のちがいにより，少なくとも6種類の組み合わせが考えられる．

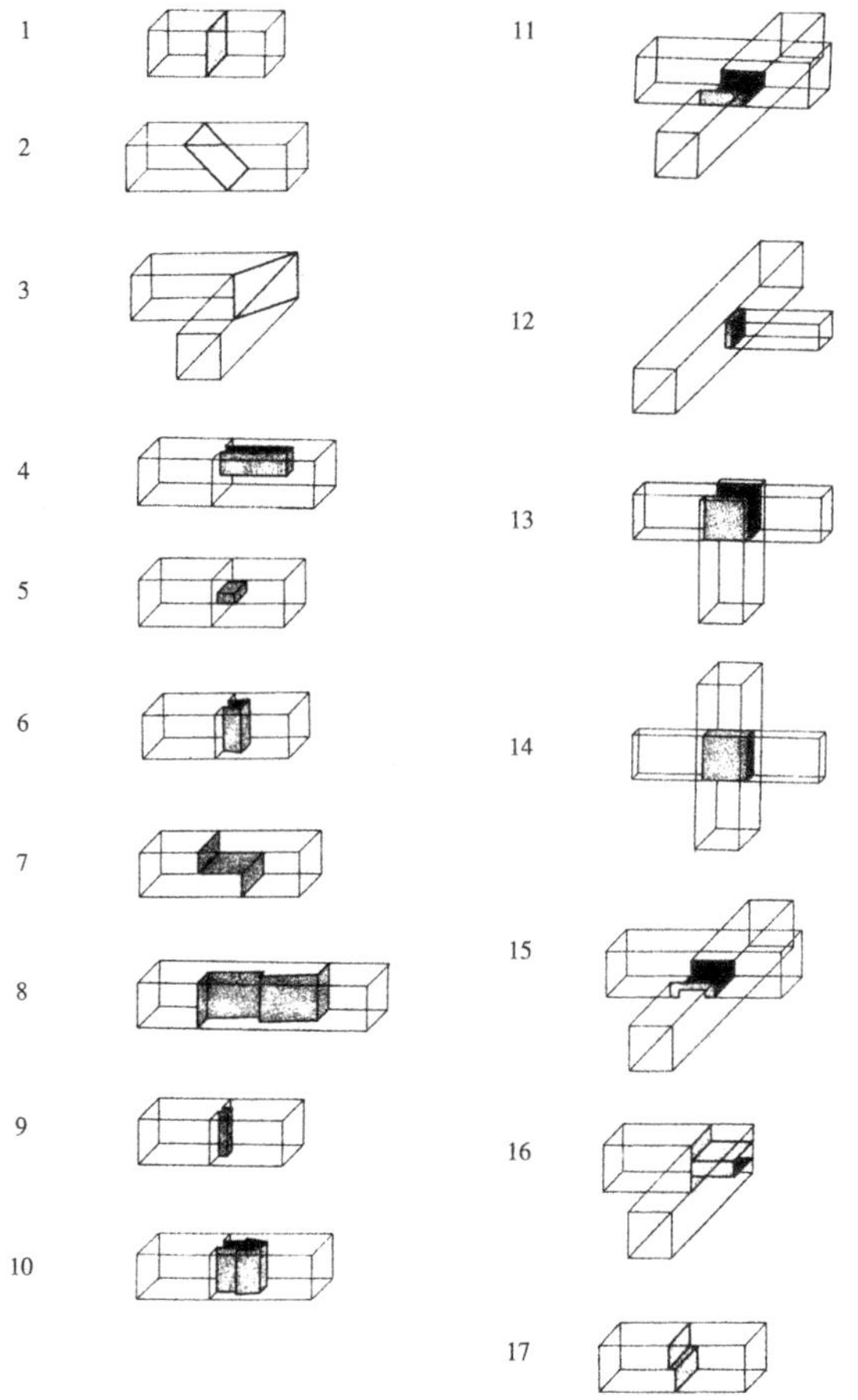

図２　建築部材接合法の基本形（内田，1993　掲載図版を再編）
1突付（つきつけ）　2殺（そぎ）　3留（とめ）　4竿（さお）　5枘（ほぞ）　6蟻（あり）　7相欠（あいかき）　8略鎌（りゃくかま）　9目違（めちがい）　10鎌（かま）　11欠込（かきこみ）　12大入（おおいれ）　13輪薙込（わなぎこみ）　14貫通（ぬきとおし）　15渡腮（わたりあご）　16三枚組（さんまいぐみ）　17腰掛（こしかけ）

また、これらの基本形を組み合わせた接合の補助材として、①車知《しゃち》、②栓《せん》、③楔《くさび》、④契《ちぎり》、⑤釘《くぎ》などがある（内田　一九九三）。

木の建築の工作技術

刃部の形状

木の建築をつくる道具の刃部《じんぶ》は、平面形状、側面形状、正面形状のいずれもが直刃《ちょくじん》と曲刃《きょくじん》に大別でき、これらの組み合わせだけで、計算上は八種類に分類される。さらに、刃部の断面形状が両刃《りょうば》と片刃《かたば》に大別できることから、これも加えた刃部形状の分類は一六種類となる。

また、ひとつの道具が有する刃部の数によって、単刃系（斧《おの》、鑿《のみ》、鉋《つきがんな》など）、双刃系（鐁《やりがんな》など）、多刃系（鋸《のこぎり》など）といった種類がある。

表3　刃部の作用方向

α	切断	繊維直交切断：α_1 繊維斜交切断：α_2	γ	切削	繊維直交切削：γ_1 繊維斜交切削：γ_2 繊維平行切削：γ_3
β	割裂				

表4　刃部の使用法

S	振り回して使用	(Swing)	オノなどの使用法
H	叩いて使用	(Hitting)	ノミなどの使用法
P	推して（引いて）使用	(Pushing or Pulling)	カンナなどの使用法

刃部の作用方向と使用法

木材繊維に対して刃部を作用させる方向は、①切断（α）、②割裂（β）、③切削（γ）に分類できる。これらのうち、切断は繊維直交切断（α_1）と繊維斜交切断（α_2）に、切削は繊維直交切削（γ_1）、繊維斜交切削（γ_2）、繊維平行切削（γ_3）に、さらに分類することができる。なお、繊維平行切断は、木口方向から刃部を作用させるイメージでとらえると、割裂に該当しているといえよう（表3）。

刃部の使用法としては、①振り回して使用（S）、②叩いて使用（H）、③推《お》して（引いて）使用（P）の三種類が考えられる。これらは、それぞれ①が斧など、②が鑿など、③が鋸やカンナ（鐁・鉋）などの使用法に相当している（表4）。

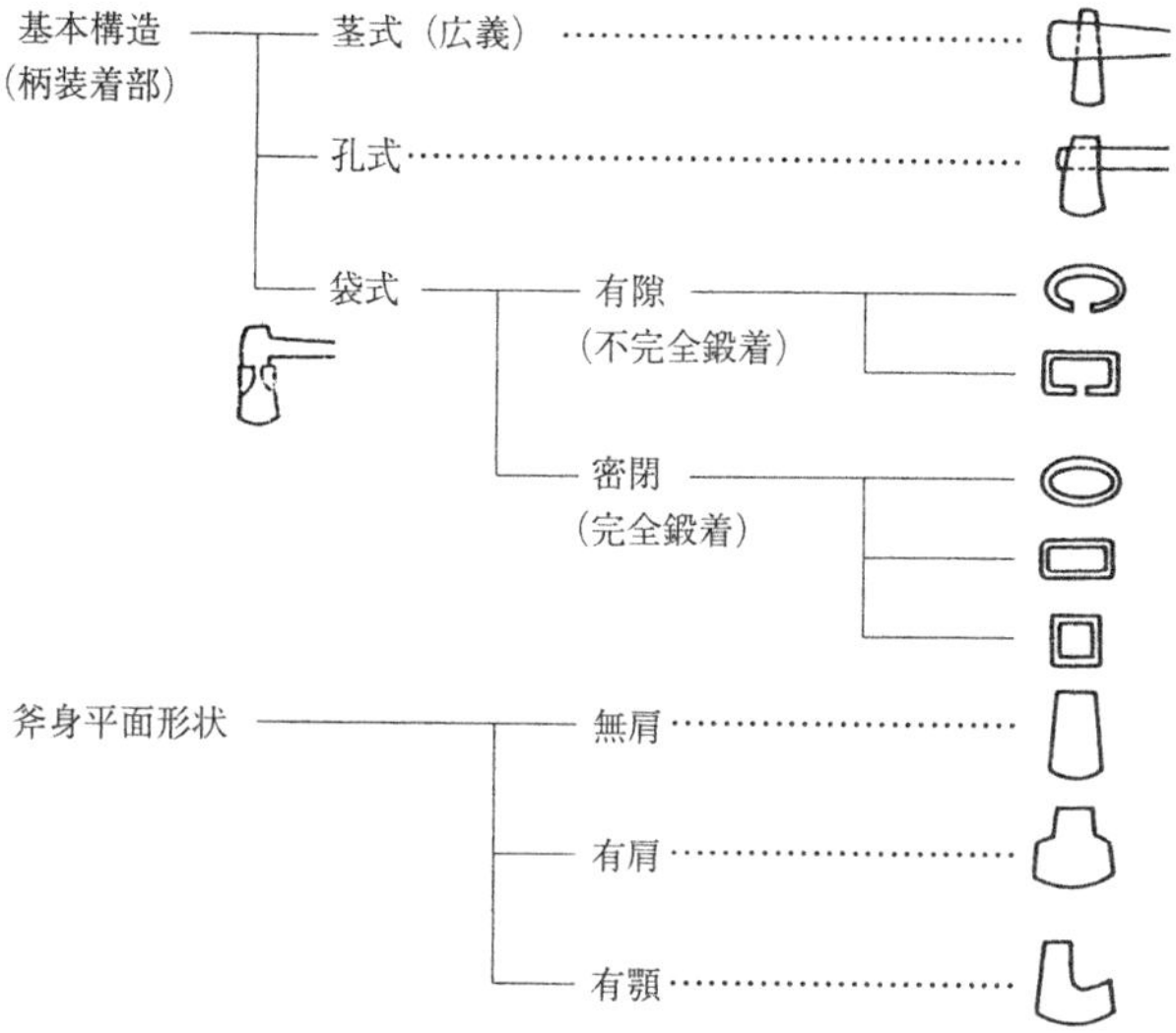

図3　斧の基本構造と形状

道具の機能部分と保持部分

木に作用させる道具の多くは、刃を有する機能部分を石や鉄などでつくり、手で握る保持部分を木などでつくっている。

機能部分と保持部分との装着法は、さまざまな道具の源流でもある石斧《せきふ》の場合、刃部と反対側の端部を木柄《もくへい》に加工した穴、溝、段欠《だんかき》などに装着している。これは機能部分の材質が鉄に移行した鉄斧にも継承された。刃部と反対側の端部を木柄の穴などに装着する方式を茎《なかご》式という。鉄斧の場合、刃部と反対側の部分を袋状につくり、その中に木柄を入れる方式（袋式）と、鉄斧そのものに孔をあけて木柄を装着する方式（孔式）がある（図3）。

これらの装着法は、源流道具である斧から機能分化した鑿、鏩、鋸など、他の道具にも継承されていった。

また、斧身を装着する木柄には、木の枝分かれ部分などを利用した膝柄《ひざえ》と、太い枝や幹の根に近い部分などを利用した直柄《なおえ》とがある。そして斧柄の軸線に対して、刃部をほぼ平行に装着したものを縦斧《たておの》、ほぼ直交させて装着したものを横斧《よこおの》という。

木の建築をつくる工人

共同作業と建築専門工人

木を材料とする建築は、一人でもつくることができる小型木製品と異なり、少なくとも数人での共同作業が必要である。建築の規模によっては、数十人から数百人を必要とする場合もある。

こうした共同作業にあたっては、木の建築をつくる技術を身につけた専門工人の指導が不可欠であったと考えられる。

建築専門工人の技術

一七世紀初めの古典建築書（『匠明《しょうめい》』一六〇八年）の中に、建築専門工人の指導者が身につける能力や技術に関して、「五意達者にして、昼夜不怠《おこたらず》」という記述がある。

表5　建築専門工人の技術

建築専門工人					
	建築技術		頭脳活動		
技術・能力／五意	工程	技術	数理能力	芸術能力	身体能力
式尺	設計	木割	◎	○	
墨曲	墨付	規矩術	◎		○
算合	積算		◎		
手仕事	加工				◎
絵用	下絵	絵様		◎	
彫物	加工	彫刻			◎

「頭脳活動」欄記号　◎：密接に関連する能力
　　　　　　　　　　○：やや関連する能力

「五意」とは、「式尺《しきしやく》の墨曲《すみかね》」「算合《さんごう》」「手仕事」「絵用《えよう》」「彫物《ほりもの》」のことをさす。「式尺」は設計上の基準である木割《きわり》を、「墨曲」は部材に対する墨付けの技術である規矩術《きくじゅつ》を、「算合」は積算《せきさん》を、「手仕事」は道具を使いこなす技を、そして「絵用」と「彫物」は建築装飾の下絵を描きそれを彫り上げる技を、それぞれ表現している。

頭脳活動との関連では、「式尺」「墨曲」「算合」に数理的能力が、「絵用」に芸術的能力が、そして「手仕事」「彫物」に手をはじめとして身体全体を微妙にコントロールする能力が、それぞれ必要である（表5）。

「五意」が文字として明文化されたのは近世であるが、建築専門工人が出現した当初から、工人の指導者が具備すべき能力・技術であったと考えられる。

建築技術発展のはじまりと専門工人

数百万年前、サルからヒトへの進化がはじまり、猿人、原人、旧人の段階を経て、現生人類である新人に到達した。

人類は、相当長い期間、寒さや雨露をしのぐため、自然に形成された洞窟などに居住していたと考えられる。しかし、食料を求め移動した場合、いつも居住に適した洞窟があるとは限らず、仮設的ではあっても、木の枝などを利用した住居をつくるようになったと推定される。

洞窟などの自然条件に従属した状態での居住から、その制約を克服していくプロセスの中で、原初的な建築が誕生していったと考えられる。これが、建築技術発展のはじまりとみることができる。

木の枝などを斜めに配して、ツルなどで結びつける小型の建築は、家族単位か数家族の共同作業で可能であったと考えられる。

では、どの発展段階で、建築専門工人が必要となったのであろうか。次章以降において、建築専門工人の出現と、その後の変遷を述べる。

建築生産と道具編成

建築と材料

建築は、その構造を支える主体部に、どういう材料を用いているかによって、木造建築、石造建築、レンガ造建築、鉄骨造建築、鉄筋コンクリート造建築、などと呼ばれる。

たとえば、古くから多様な材料を用いてきたヨーロッパの場合、その壁構法には相互に密接な関連が見られるという（図4）。石造やレンガ造など、非木造の壁も含めたヨーロッパの壁構法（一〇種類）を歴史的にみると、植生（材料需給）や居住環境（行政指導を含む）などの要因によって、ある地域では徐々に循環し、別のある地域では数段とびに移行する、という循環システムが形成されているらしい（太田　一九八五）。

わが国では、一九世紀中ごろ以降に、海外からレンガや石などの非木造系の材料が導入されるまで、建築の主たる材料は、木であった。

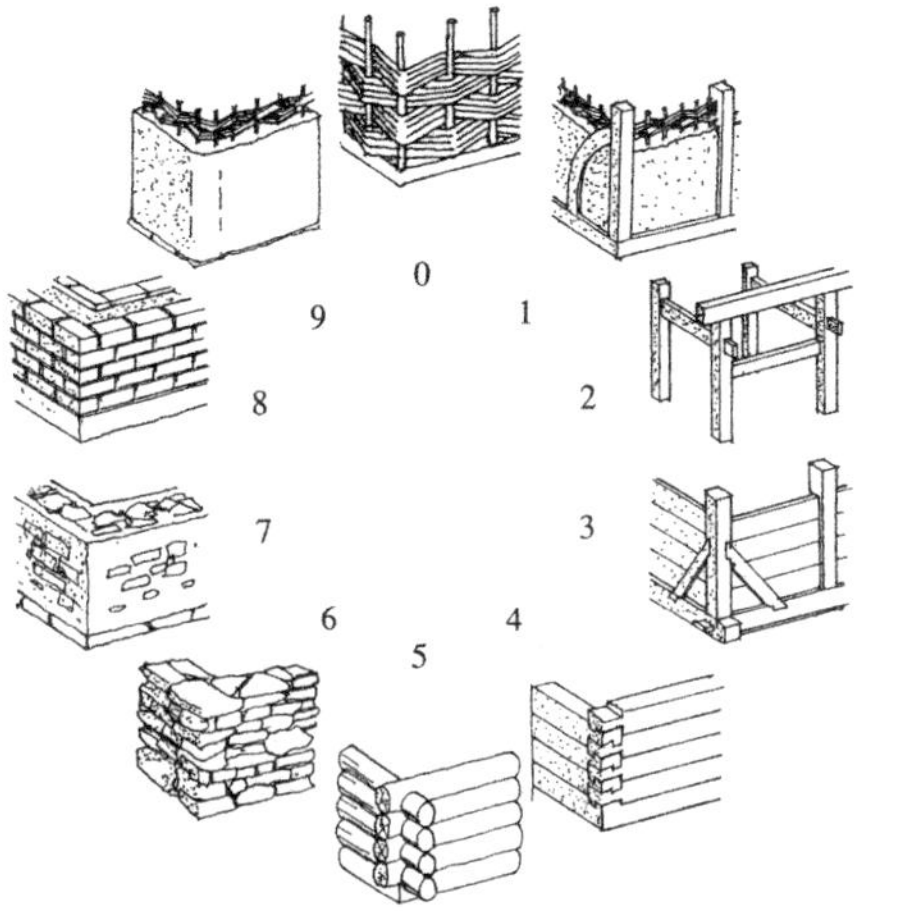

図4　建築構造と材料（太田，1985）
0編壁　1軸組造　2柱・梁構造　3柱·厚板構造　4木壁組積造（強い校倉）　5木壁組積造（弱い校倉）　6石造（空積み）　7石造（モルタル充塡）　8レンガ造　9土壁造

木の建築の構成部位と材料・道具

建築は、基礎・軸部・屋根・壁・建具などの部位によって構成されている。また、装飾的な要素を付加する場合には、建築彫刻や建築金具なども使われる。

主体構造である軸部に木を用いる木造建築の場合、基礎には石を、壁や屋根には土（瓦）を、部材接合材（釘《くぎ》など）には鉄などを、装飾金具には銅などを用いている。

このようにさまざまな材料からなる各部位は、それぞれの専門工人が、石工道具、木工道具、屋根道具、壁（左官）道具、彫刻道具、彩色道具、鍛冶道具、金工道具などの専用道具を用いてつくりあげたと考えられる。

これらの建築各部位の専門工人の中で、主体構造部や造作（建具含む）などの木部を担当する木工《こたくみ》が、建築工事の着工から竣工までの全体を統轄し、木の建築をつくり上げるうえで、最も重要な役割を果たしてきた。

木の建築をつくる道具編成

木の建築をつくる工程は、①伐木、②製材、③建築部材加工、に大別される。

この各工程に使用する道具は、用途、機能によっていくつかに分類できる。

第一に、樹木を伐り倒し（伐木）、その原木から所定の大きさの材木をつくり出す（製材）ための道具が必要である。これらを「造材機能」の道具（斧、大型鋸など）と称しておく。

第二に、原木を製材したり、部材相互の接合部を加工したりする前には、真墨や切墨などを墨付けする道具が必要である。これらを「基準機能」の道具（墨壺、曲尺《さしがね》など）と称しておく。

第三に、建築各部を構成する部材を切削したり、接合部の加工をしたりする道具が必要である。これらを「一次機能」の道具（鋸《のこぎり》、鑿《のみ》、カンナなど）と称しておく。

そして第四に、道具を手入れするための道具や、建築部材の組み立てに使用する道具などが必要である。これらを「二次機能」の道具（砥石《といし》、鑢《やすり》、釘抜など）と称しておく。

以上、各機能の道具は、各時代の建築生産面からの要請を契機として、道具の使用者（大工）と製作者（鍛冶）との相互交流によって、改良が加えられてきた。また、建築生産面の大きな変革期には、外来の道具が、その編成に加えられることもあった。

これらの建築用の道具の中で、造材機能と一次機能の道具が、時代の動きを最も鋭敏に反映し、建築技術の発達を支える中心的な役割を果たしてきたと考えられる。

建築用主要道具である斧、鋸、鑿、鉋に関して、次章以下において、その発達史をたどってみることにする。

大工道具の誕生

旧石器から縄文時代

縄文時代の建築用材

縄文前史・旧石器時代の建築用材

わが国の旧石器時代は、約一二万年前以前を前期、約三万年前以前を中期、約一万三〇〇〇年前以前を後期、として区分している。前述したように、最終氷期の中で、特に寒い時期であった約六万年前は前期旧石器時代、約二万年前は後期旧石器時代にあたる。

原初的建築の段階であったと推定される旧石器時代の建築用材としては、エゾマツ、トドマツ、トウヒなどの針葉樹が多く使われたと考えられる。

縄文時代の建築用材

前掲の表1において、縄文時代は、主要建築用材八種の集計総数が二八四九点で、クリの利用が約八割を占め（二二三七点・七八・五％）、その次がスギ（二六一点・九・二％）である。

縄文時代の出土建築部材例としては、「鳥浜貝塚」（縄文前期、福井県）で柱あるいは杭《くい》にシイやカシなどが、板材にスギやクリなどが、「三内丸山遺跡」（縄文前期・中期、青森県）で柱にクリが、「桜町遺跡」（縄文中期、富山県）で部材のほとんどにクリが、それぞれ見られる。

クリは、ブナ科クリ属の落葉高木で、自然生育の場合、高さ一五～二〇メートル《メートル》、直径六〇センチ《センチメートル》ほどになる。

硬くて強度が大きく、ねばりもあり、タンニンを多く含むことから水湿にも強く腐りにくい。

加工・切削はあまり容易ではないが、割裂性は高い。

揺籃期の建築構法と部材接合法

縄文前史・旧石器時代の建築構法と部材接合法

わが国では、旧石器時代の建築址と推定される遺跡が、少ないながらもいくつか発見されている。たとえば、「はさみ山梨田遺跡」（約二万五〇〇〇年前、大阪府）で径四〜五メートルの鍋底状の不整円形の中に柱穴十数個を有する建築址が、「田名向原遺跡」（約一万五〇〇〇年前、神奈川県）で径一〇〜一一メートルの円形遺構の中に一二個の柱穴がある建築址が、それぞれ発見されている。

なお、旧石器時代の住居址の平面規模は、径三〜五メートルであることが世界的に共通しており、その要因として居住者数や建築構造上の制約などが考えられている（浅川　一九九八）。

旧石器時代の建築は、基礎が浅い掘立《ほったて》構造で、上部が斜材（ドーム状含む）の構造であったと推定される。

こうした建築の部材接合法は、枝などの自然木をツルなどで縛る方法（股木《またぎ》接合）であったと考えられる。

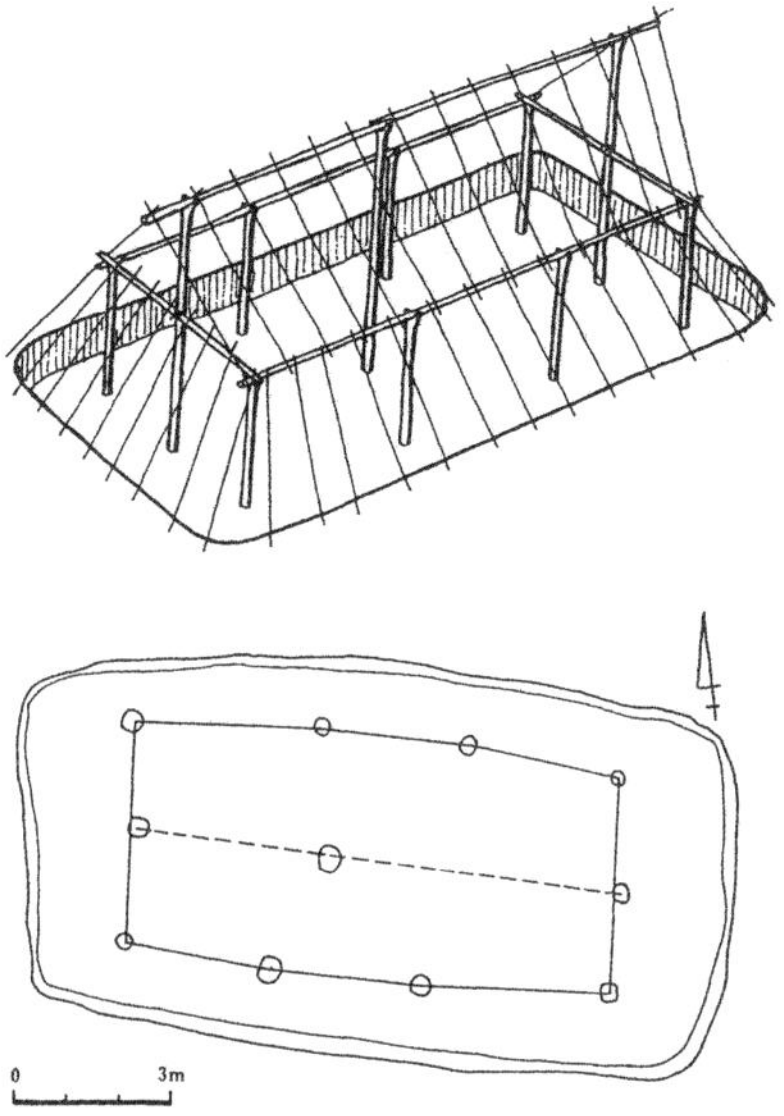

図5　縄文時代の建築構法：竪穴形式
（宮本，1996より転載）

竪穴形式の登場

旧石器時代の建築は、平地形式を基本としていたと考えられるが、後期旧石器時代から縄文時代草創期にかけて、生活面を鍋底状に掘りくぼめたり、浅い竪穴とする例が見られるようになる。たとえば、「掃除山遺跡」（約一万一〇〇〇年前、鹿児島県）や「上野原遺跡」（約九五〇〇年前、鹿児島県）などの

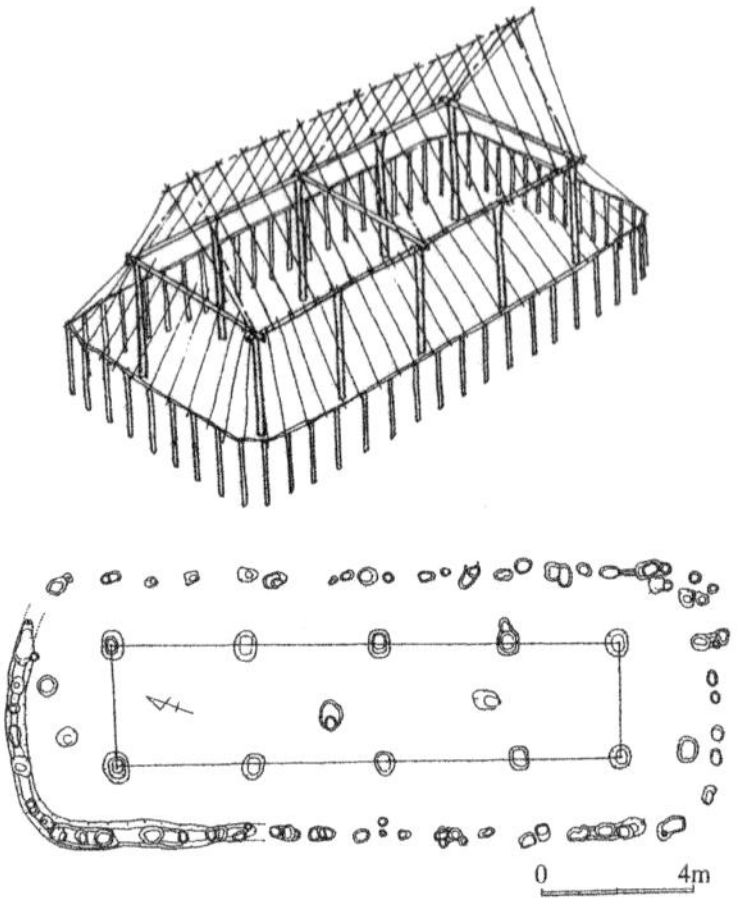

図6　縄文時代の建築構法：平地形式（宮本，1996より転載）

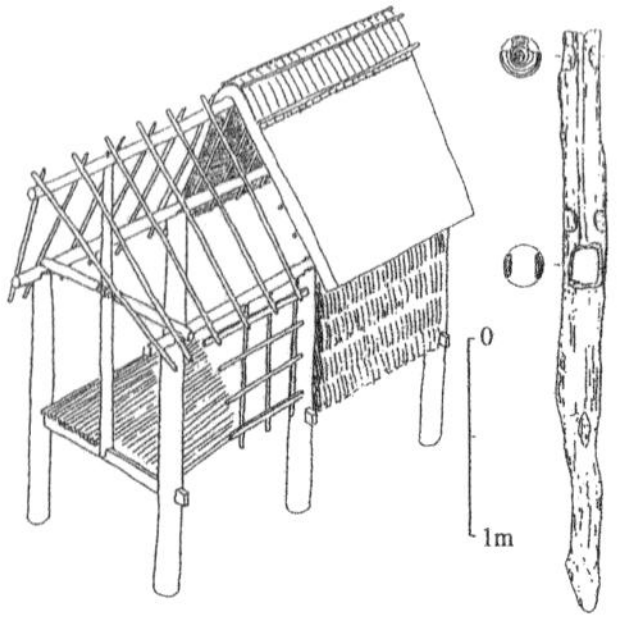

図7　縄文時代の建築構法：高床形式（宮本，1996より転載）

建築址は浅い竪穴形式で、その上部構造は斜材（ドーム状含む）だけで構成されていたと考えられる。

一方、「浦幌町平和五号住居跡」（縄文早期前葉、北海道）や「長瀬B遺跡三号住居跡」（縄文早期中葉、岩手県）などの建築址は、深い竪穴形式で、その上部は垂直材（柱）と水平材（梁《はり》・桁《けた》など）によって主体部を構成する構造であったと推定される（図5）。

これらの例から、西南日本より東北日本において、強固な構造の建築が早く発達したと考えられる。その要因として、寒冷地であるために竪穴を深く掘り下げる必要があったこと、土葺《つちぶき》や積雪などに起因する重い屋根荷重

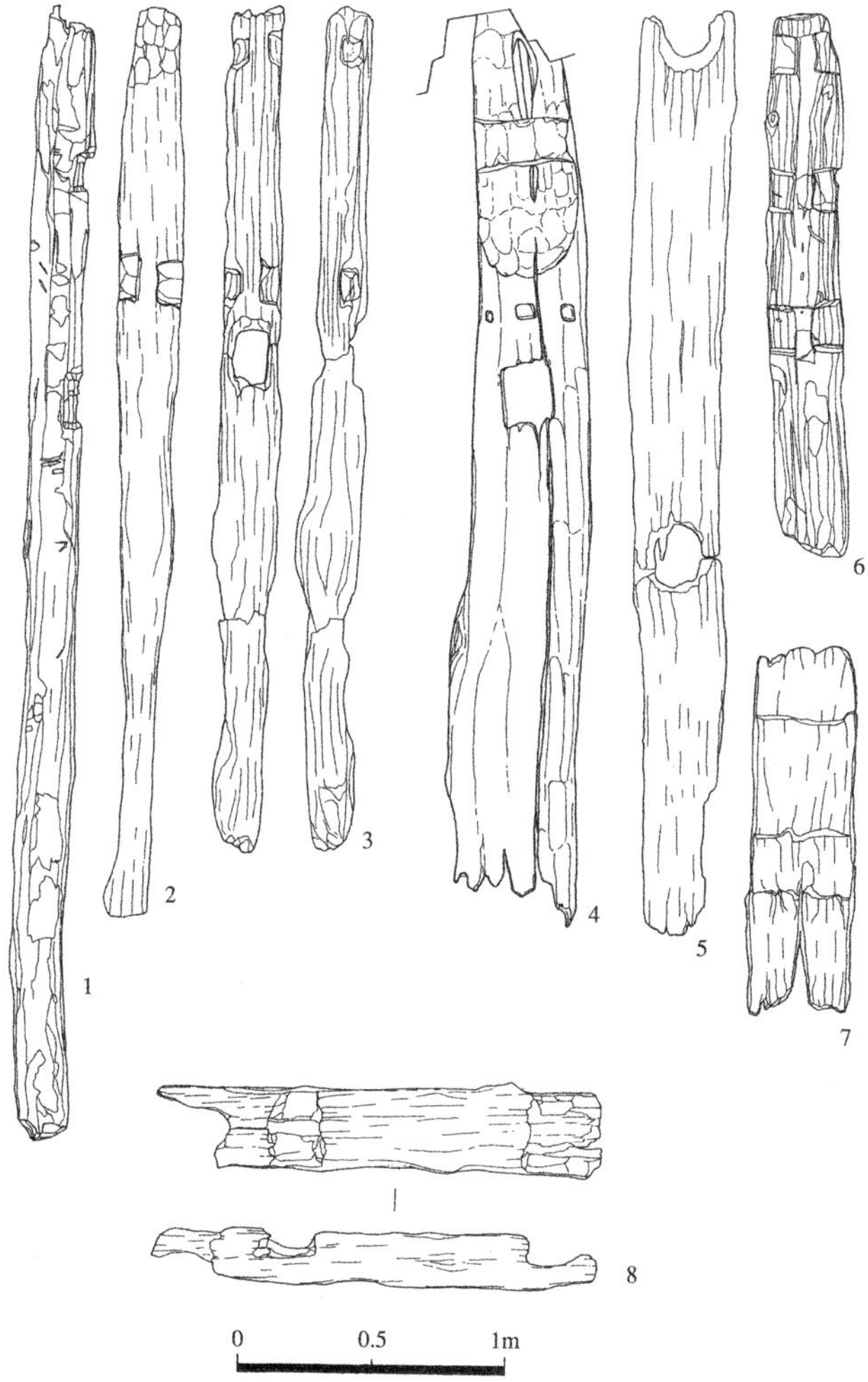

図８　縄文時代の建築部材：「桜町遺跡」（約4000年前，富山県）（桜町遺跡発掘調査団編『桜町遺跡調査概報』学生社，2001より）

に耐える必要があったこと、などをあげることができる（宮本　一九九六）。

いったん生活面を掘り下げることによって居住空間を広くし、構造強化と大型化をはかった縄文時代の人々は、その技術を平地形式の建築に応用していったと推定される。

平地形式と高床形式

わが国における平地形式と推定される大型建築の例として、「根古谷台遺跡」（縄文前期、栃木県）で主柱一〇本を有する超大型建築址が、「阿久遺跡」（縄文前期、長野県）で方四間の建築址が、「押出遺跡」（縄文前期、山形県）で桁行五間・梁間二間、棟通り《むなどお》に四本の棟持柱《むなもちばしら》をもつ建築址が、それぞれ発見されている。特に、「根古谷台遺跡」のものは、長軸約二三メートル・短軸約一〇メートルを測り、これだけ大型の平地形式建築は、約六〇〇〇年前の世界各地の事例を見ても、最大規模に属している（太田　一九八五）。

　また、高床形式の建築と推定される例として、「阿久遺跡」（縄文前期、長野県）で柱穴径約一メートル、一辺約三・五メートルの方一間の

接合							
10	11	12	13	14	15	16	17
	○	△					
	○	△	○	△	○		
	○	△	○	○	○	○	

表6　先史時代の建築部材に残る接合部形式

接合部基本形		股木接合0	加工								
			1	2	3	4	5	6	7	8	9
中国	先史時代(約7000年前)：河姆渡遺跡	○	○				○		○		
日本	縄文時代(約4000年前)：桜町遺跡	○	○				○		○		
	弥生・古墳時代	○	○				○		○		

注：「加工接合」欄の番号1～17は，前掲「図2」と同一

建築址が、「和泉A遺跡」（縄文中期初頭、新潟県）で梁間一間・桁行二～三間の建築址が、「三内丸山遺跡」（縄文中期、青森県）で柱根径約一メートル・梁間約四・五メートルの超大型建築址が、「桜町遺跡」（縄文中期末、富山県）で大型と小型の高床建築と推定される部材が、それぞれ発見されている。縄文時代の高床形式と推定される建築は、梁間一間であることを共通の特徴としている（図7）。

遺物にみる高い技術

木を材料とする建築の中で、最も高い水準の技術を必要とする高床建築の部材は、「桜町遺跡」（縄文中期、富山県）や「忍路《おしょろ》土場遺跡」（縄文後期、北海道）などから出

土している。

「桜町遺跡」で発掘された約四〇〇〇年前の建築に使われた可能性がある部材には、貫通した穴（枘穴《ほぞあな》と推定）を有する柱材、貫通しない穴（包枘穴《つつみ》と推定）を有する柱材、直交させて欠き合わせた接合部（渡り腮《わたあご》と推定）を有する梁・桁材、側面（木端）を凹凸で組み合わせた接合部（樋布倉矧《ひぶくらはぎ》と推定）を有する板材、などが見られる（図8）。

また、「忍路土場遺跡」からは、欠込《かきこ》みが加工された柱材、枘をつくり出した丸太材、相欠きが加工された梁材あるいは桁材などが出土している。

これらの出土部材から、前述した接合法基本形一七種のうち、六種類から八種類（突付け、枘、相欠き、欠込み、大入れ、輪薙込《わなぎこ》み、貫通し、渡り腮など）が縄文時代に存在していたと推定される（表6）。

縄文時代の建築工作技術

人類が製作・使用した道具の材料は、木、骨、石などさまざまであったが、石を材料とする道具（石器）が最も残りやすく、後世の発掘調査でも多く発見されることになる。

縄文前史・旧石器時代の道具

猿人が製作した石器は、河原石（礫《れき》）の端部を打ち欠いた礫石器《れきせっき》であった。原人は、礫石器にさらに手を加え、長年の試行錯誤を経て、「握斧《にぎりおの》」を製作した。これは、木を加工するだけでなく、狩猟や食物加工など多用途に使われたと考えられる。旧人は、一つの原石から多数の薄い石のかけら（剥片《はくへん》）をはぎ取り、鋭い刃を有する石器（剥片石器）を製作・使用した。そして新人は、剥片石器を用途に応じて多様につくり分け、道具の精度を向上させていった。

旧石器時代の打製石器は、前期および中期まで、形状や石材がさまざまで、大型石器は手で握り、小型石器は指でつまんで使用したものと考えられる。

新人の段階である後期旧石器時代に、ナイフ形石器や台形石器など、定形的な打製石器がつくられるようになった。この時期に、石器を木柄に装着して使用することが一般化したと推定される。

約一万四〇〇〇年前には、大陸（シベリア）の影響と見られる細石刃《さいせきじん》が普及した。これは、替え刃式の打製石器であったが、約二〇〇〇年で姿を消し、縄文時代の石器にとってかわられた。

なお、「鈴木遺跡」（約二万五〇〇〇年前、東京都）などから、刃部磨製石斧が発見されており、これは世界的にみても古い例に属している（前掲『日本歴史館』）。

旧石器時代の建築工作技術に関して、打製石器を直接把《つか》んで使用している段階では、伐木・製材・部材加工の各工程とも、初歩的な工作しかできなかったと考えられる。しかし、木柄に装着して使用する後期旧石器時代になると、比較的太い木材の工作も可能であったと推定される。

石斧の発達

一万数千年前、旧石器時代の終りから縄文時代の初めにかけて、大陸の影響とみられる大型の打製石斧と刃部磨製石斧が出現したが、その後しばらくして姿を消し、小型の磨製石斧の時代が続く。

前述した、約七〇〇〇年前から六〇〇〇年前にかけての植生の変化にともなって、太い木を伐採したり加工したりすることが盛んになり、石斧の種類が増加した。また、この時期を境にして、横斧を多く使う時代から縦斧を多く使う時代に移行したと考えられている（佐原　一九九四）。

約四〇〇〇年前から二千数百年前にかけて、縦斧として使われたと考えられる斧身とともに、横斧と考えられる小型の斧身も出土しており、縦斧と横斧とが、用途に応じて使い分けされていたと推定される。

縄文時代における斧身の形状は、断面が円形に近い乳棒状石斧と、断面が長方形に近い定角式石斧に大別される。

部材と道具の復元実験

「桜町遺跡」（縄文中期末、富山県）では、さまざまな形状の接合部が加工された建築部材（前述）とともに、磨製石器や斧柄も出土した。

約四〇〇〇年前の建築部材と道具が、同じ遺跡から豊富に出土した例は全

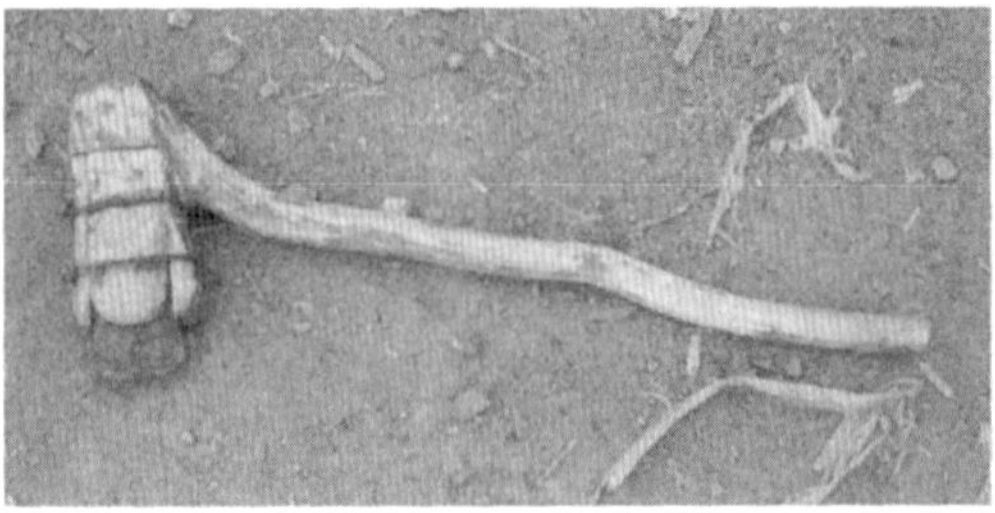

a　膝柄形式の縦斧

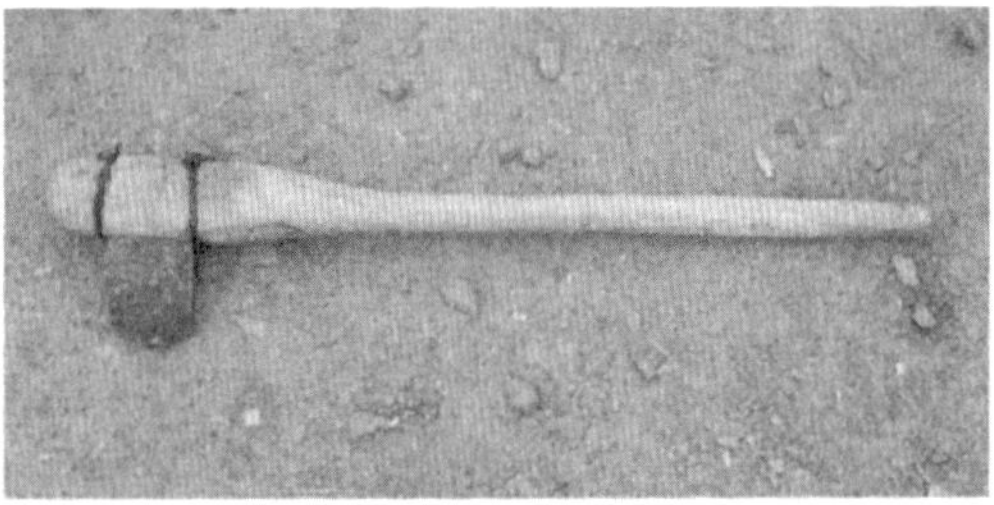

b　直柄形式の縦斧

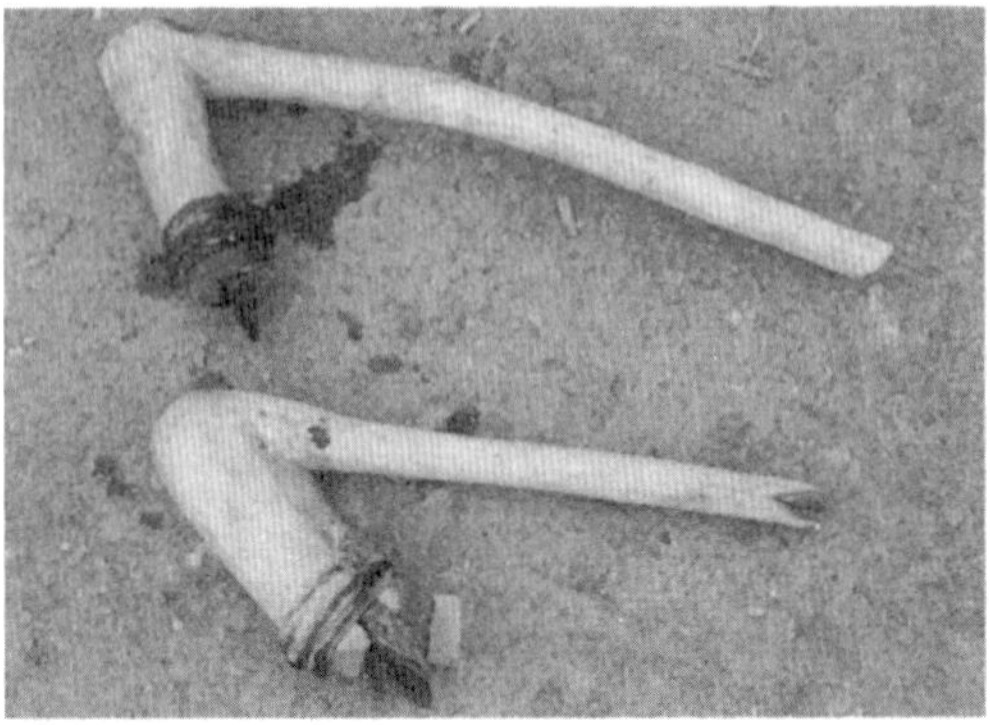

c　膝柄形式の横斧

図9　道具の復元製作（小矢部市教育委員会を中心に実行された桜町遺跡高床建物復元事業にて）

国的にも珍しいため、発掘を担当した小矢部市教育委員会を中心に、道具の製作も含めた建築復元事業が実施された（一九九九年）。

「桜町遺跡」が位置する北陸地方においては、縄文時代中期以降、蛇紋岩製の定角式磨製石斧が多く製作・使用されてきた。

縄文時代の斧柄出土例は、ほとんどが膝柄《ひざえ》形式で、直柄《なおえ》形式の出土例は「滋賀里遺跡」（縄文晩期、滋賀県）などで少数見られるだけである。ただ、「椚田《くぬぎだ》遺跡」（縄文中期、東京都）で出土した乳棒状石斧に、直柄装着の痕跡があることから、少なくとも縄文時代中期に、直柄も使われていたと考えられる。「桜町遺跡」では、斧身を留め板を用いて固定したと推定される独特の形状をした膝柄が出土しているが、直柄の出土は確認できていない。

これらの斧身と斧柄の出土例をもとに、蛇紋岩の原石を採集する段階から、道具の復元製作がはじめられた（図9）。

建築工人の誕生

縄文前史・旧石器時代の建築をつくる人々

旧石器時代における原初的建築は、枝などを利用した片流れの屋根、両流れの屋根、円錐形のテント構造などであったと考えられる。打製石器を用いて枝などを切り、ツルなどで結びつける小型の原初的建築の場合、その作業は家族単位か、数家族の共同作業でつくることができたと推定される。

こうした段階（一元的建築生産）では、建築専門工人を必要としなかったと考えられる。

建築専門工人の誕生

縄文時代に入ると、平地形式の大型建築や、枘《ほぞ》・枘穴などの接合によって強固な構造の高床形式の建築がつくられるようになった。

こうした技術段階では、建築の全体計画（設計）や部材の墨付けなど、専門的な高い技術を身につけた工人が必要であったと考えられる。この工人による指導のもとで、部材加工や組立てなどを、ひとつの集落か周辺のいくつかの集落による共同作業で行なったと推定される。この時代の建築専門工人とは、集落でさまざまな生活を営みながら、建築造営の機会が生じたとき、それを指導する能力をもった人々と考えられる。いずれにしても、わが国では、高い技術を用いて木の建築をつくるようになった約六〇〇〇年前から四〇〇〇年前にかけて、建築専門工人が誕生していた可能性がある。

縄文時代の建築造営

建築造営が、ひとつの集落内で行なわれる場合、技術指導をする専門工人と、作業に加わる一般の人々との二元的な関係で工事がすすめられたと考えられる。

一定の広さを有する地域において、いくつもの集落の共同作業で建築造営が行なわれる場合、集落相互の調整を含めて工事全体を統括する専門工人（統括工人層）、現場で直接指導をする中間層としての専門工人（中間工人層）、そして作業に加わる一般の人々という三

図10　縄文時代の建築造営

子どもたちも含め，約150名の人々によって，柱２本と大引をＨ型に組んだワンスパンを建て起こしていった．約4000年前にも，周辺の集落を含めた多勢の人々の共同作業によって，このような建築造営が行なわれたと考えられる．（前掲，復元事業にて）

元的な関係で工事がすすめられたと推定される。

「桜町遺跡」での大型高床建築復元実験においても、統括工人層を「復元事業実行委員会」が、中間工人層を建築大工を養成する学校の教員や地元の建築大工が、そして実際に作業をしたのは石器をはじめて使う学生や地元市民たちであった（図10）。

現代における縄文建築の復元作業であったが、手道具を用いて大型の木の建築をつくる場合、こうした建築生産組織なくしては完成できなかったと考える。

縄文時代の建築を復元する

伐木作業の復元

縄文時代中期における伐木作業は、磨製石斧を装着した縦斧によってなされたと考えられる。ヨーロッパ（スイス）における新石器時代の調査結果や、南太平洋（パプア・ニューギニア）における民族事例などから、磨製石斧による伐木は、立木に小さな打撃を加えながら木材繊維に対する斜交切断を繰り返し、最終段階で木の幹に∠形の切断面が残る方法が推定されている。

「桜町遺跡」における伐木作業実験は、遺跡近くの山中に、かろうじて生育していた径三〇センチメートルほどのクリを対象に実施された。

作業者の中には鉄斧による伐木の経験者もいたが、石斧の場合は木材繊維をうまく切断

図11　伐木作業の復元（前掲，復元事業にて）

することができず、鉄斧とは異なる打撃法が必要であった。すなわち、立木の垂直方向の軸線を想定した場合、鉄斧ではその軸線に対し四五度より大きな角度で打ち込むことができるが、石斧ではその半分の角度（二〇度前後）で木材繊維を剝ぎ取るような使用法をせざるを得なかった。これは、繊維平行切削に近い使用法ともいえる。

したがって、石斧を振りおろすリズムも、力まかせに打撃するのではなく、リズミカルに、斧柄の弾力を利用する使用法が有効であった。この伐木方法の場合、横斧による伐木も可能と考えられる。

最終的に、立木の切断面は、先学の研究による指摘どおり、削った鉛筆の先端のような形状となった（図11）。

製材作業の復元

縄文時代における製材作業は、東南アジア（フィリピン）における民族事例や、日本中世の打割製材実験などから、伐木後の原木に縦斧で切れ目を入れ、木製楔《くさび》を木口と側面から打ち込んで割裂させる方法、いわゆる打割製材法によって行なわれたと推定される。

「桜町遺跡」における製材作業実験は、推定復元大型高床建築の床板用として入手した径約四〇センチメートル《センチメートル》・長さ約五メートル《メートル》のクリ材丸太を対象に実施された。

石斧によって木口と側面に切れ目を入れ、上下を回転させて、もう一方の側面にも切れ目を入れた。次に、丸太を九〇度回転させて、木口（元口）と両側面から、木製楔を密に打ち込み、割裂させていった。

二分割後、荒れた状態（ササクレ）の割裂面を、横斧形式の石斧により繊維平行切削して、凹凸を調整した（図12）。

なお、「桜町遺跡」出土の部材の中には、この半割段階から、さらに割裂をすすめたと考えられる厚板材も存在している。北アメリカの民族事例には、鹿の角を楔として利用し、スギ丸太から幅広の板を製材する割裂法がある。また、東南アジア（フィリピン）の民族事例には、二分割した材の余分なところを斧によって除去して、一本の丸太から二枚の厚

図12　製材作業の復元（前掲，復元事業にて）

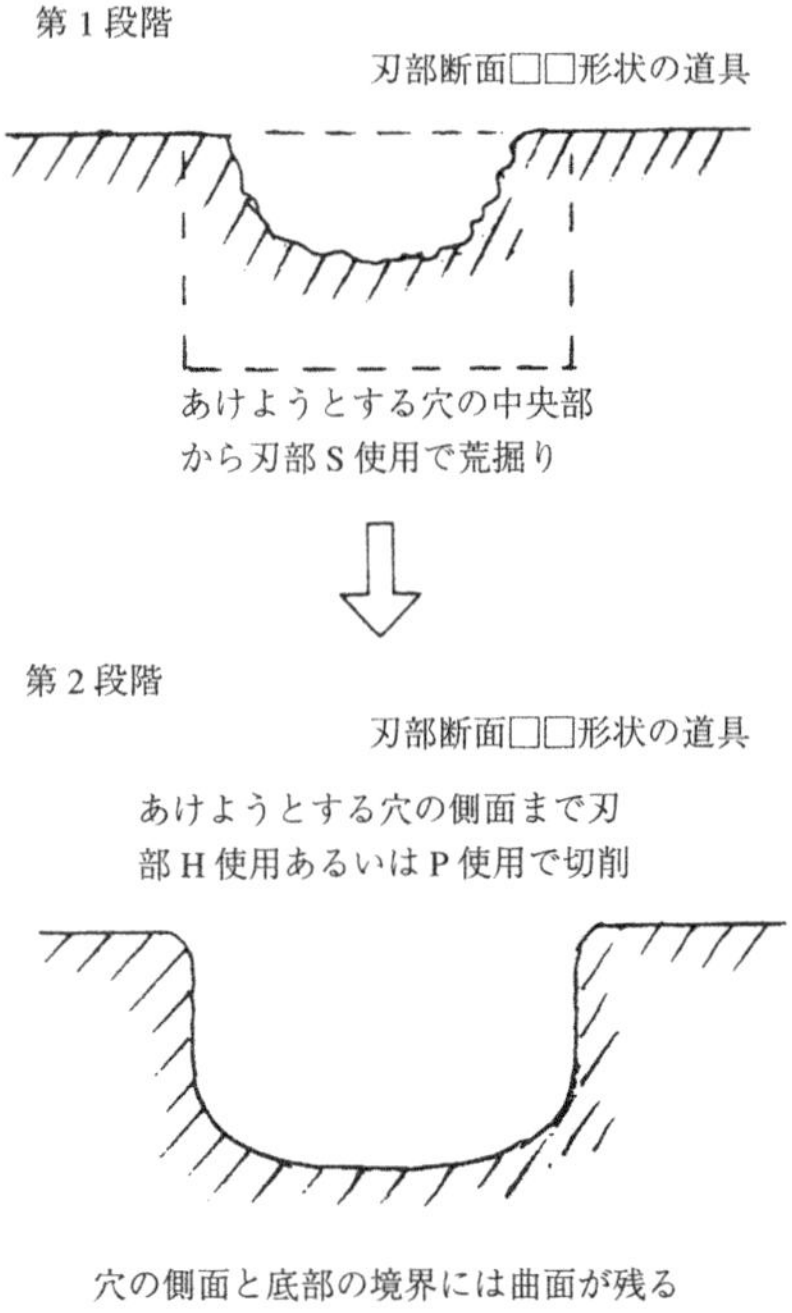
第1段階
刃部断面□□形状の道具
あけようとする穴の中央部
から刃部S使用で荒掘り
第2段階
刃部断面□□形状の道具
あけようとする穴の側面まで刃
部H使用あるいはP使用で切削
穴の側面と底部の境界には曲面が残る

図13　石器を用いた貫通しない穴の加工法（推定）

板材をつくる方法がある（佐原　一九九四）。

建築部材加工作業の復元

縄文時代における建築部材加工法は、加工しようとする接合部などの形状に応じて、刃部の形状・作用方向・使用法などが選択されたと考えられる。

たとえば、「桜町遺跡」出土部材の中で、加工が難しいと考えられる貫通しない穴の場合（包柄穴と推定）、二つの段階が想定される。第一の段階として、あけようとする穴の中央部から、縦斧か横斧によって荒掘りする（刃部S使用）。第二の段階として、石鑿《いしのみ》を槌《つち》で叩いて（刃部H使用）穴を広げる。穴側面と底面の仕上げ切削として、石鑿を槌で叩く（刃部H使用）か、手で推して（刃部P使用）切削する、といった方法が考えられる（図13）。

「桜町遺跡」における部材加工実験の中で、最も労力を必要としたのは、掘立部分も含めて長さ約六《メートル》・径約六〇《センチメートル》のクリ材丸太（柱材）に、貫通した穴（二五×二一《センチメートル》）を穿《うが》つ作業であった。

まず、穴の中央部から、大型縦斧によって荒掘りし、穴を広げていった。

それ以上の深さに斧の刃が届かなくなった段階で、小型石鑿を用いたが、労力の割に穴を深く掘りすすめることができなかった。部材加工作業が停滞してきたとき、作業者の手によって道具改良の試みがなされた。すなわち、大型石斧の直柄《なおえ》先端を切断し、溝状となった部方に斧身を軸線方向に装着した大型石鑿が製作された。

この道具の使用によって、穴を深く掘りすすめることができるようになり、作業者の間に活気がよみがえった。

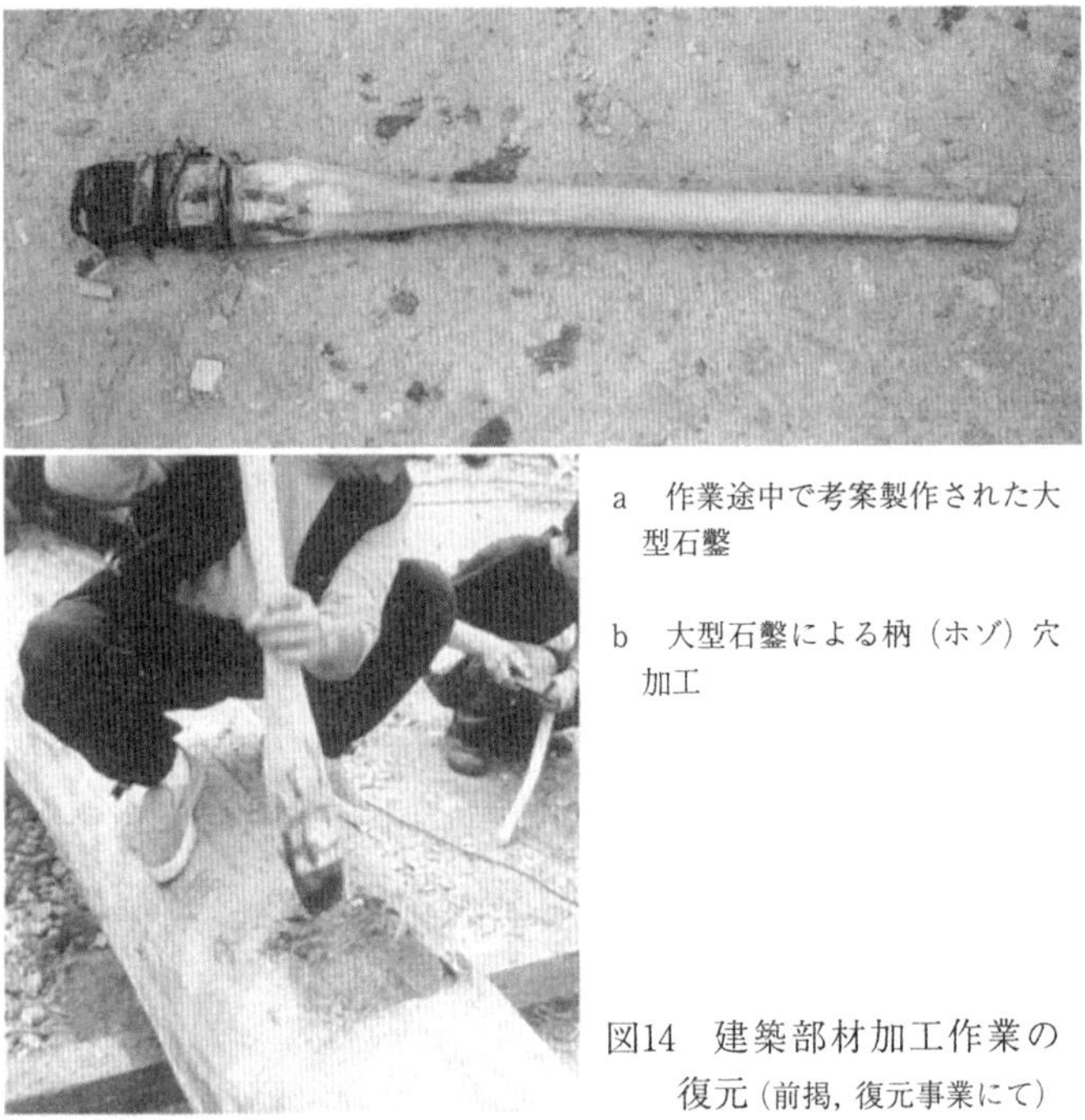

a　作業途中で考案製作された大型石鑿

b　大型石鑿による枘（ホゾ）穴加工

図14　建築部材加工作業の復元（前掲，復元事業にて）

柱径のほぼ半分まで掘りすすめた段階で、丸太を上下回転させ、反対側から同様の作業を行なった。

小さく貫通した穴を、小型石鑿で広げようとしたがうまくいかず、ここでも威力を発揮したのが大型石鑿であった（図14）。

縄文時代の建築用道具編成

「桜町遺跡」における縄文建築の復元実験の結果、縄文時代には、次のような道具が使われていたと推定さ

表7　縄文時代の建築用道具編成

工程／復元道具		伐木	製材				建築部材加工						
							ホゾ穴		ホゾ		ワタリアゴ		建築彫刻
			原木切断	割裂	荒切削	皮むき	柱(貫通)	桁(包ホゾ穴)	大引	柱頭	桁	梁	
石斧(縦斧)	大型	◎	◎	◎			○	○	◎	○	○	○	○
	小型						△	△		○			
石斧(横斧)	大型				◎				◎				◎
	小型						△	△					
石鑿	大型						◎						
	小型					◎	○	◎	○	◎	◎	◎	◎
補助道具	クサビ(木製)			◎					○				
	ヘラ(木製)					◎							

凡例

◎……有効度：大
○……有効度：中
△……有効度：小

れる。

第一に伐木段階では、縦斧形式の大型石斧が主に使われたと考えられる。斧柄は、直柄よりも、留め板などで斧身を固定した、頭部に重量のある膝柄が有効で、その使用法も柄の弾力を利用して打撃する方法であったと推定される。

第二に製材段階では、丸太を割裂する作業に大型石斧と楔（木製）が、割裂面を荒切削する作業に横斧形式の大型石斧が、それぞれ使われたと考えられる。

そして第三に部材加工段階では、巨木柱に大きな穴を貫通させる作業に大型石斧と大型石鑿が、大小さまざまな接合部の加工にそれぞれの大きさに応じた縦斧・横斧・石鑿などが使われたと推定される。

以上より、縄文時代における木の建築をつくる道具の基本編成は、石斧と石鑿の二種類であったと考えられる（表7）。

鉄器の導入と大工道具の発展

弥生・古墳時代

広葉樹から針葉樹へ

弥生・古墳時代の建築用材

前掲の表1（一四ページ）において、弥生・古墳時代は、主要建築用材八種の集計総数が九八九八点で、スギの利用が五割弱を占め（四六五一点・四七％）、その次がヒノキ（一六九一点・一七％）である。

主要建築用材の樹種別利用状況の中で、弥生・古墳時代の利用の目立つものが、クスノキ（総数四四八点のうち三七三点・八三・二％）とコウヤマキ（総数三九一点のうち二六一点・六六・八％）である。

弥生・古墳時代の出土建築部材例としては、「登呂遺跡」「山木遺跡」（いずれも弥生時代、静岡県）で柱や桁などにスギが、「池上曾根遺跡」（弥生時代、大阪府）で柱にヒノキが、

「伊場遺跡」（古墳時代、静岡県）で柱や桁などにマツが、「松野遺跡」（古墳時代、兵庫県）で柱にコウヤマキが、それぞれ使われている。

一方、この時代に建築用材の主流となった針葉樹ではなく、広葉樹を用いた建築部材の出土例も見られる。たとえば、「外原遺跡」「日秀西遺跡」（いずれも古墳時代、千葉県）、「美薗遺跡」（古墳時代、大阪府）などでは、柱や桁などにクリやコナラなどが使われている。

スギとヒノキ

弥生・古墳時代に、建築用材として多く用いられるようになった針葉樹の中で、スギは本州全域・四国・九州に広く分布する常緑高木で、高さ四〇メートル、径二メートルに達する。木理《もくめ》が通直で、比較的軟らかく、加工・切削は容易、割裂性にもすぐれている。

ヒノキは、本州の関東以西・四国・九州に分布する常緑高木である。木理が通直で強度と耐久性も高く、加工・切削も容易である。

クスノキとコウヤマキ

広葉樹であるクスノキは、本州の関東以西・四国・九州に分布し、巨木となる場合もある。樟脳《しょうのう》採取の原料となる樹木であり、防虫性にすぐれている。散孔材でやや軟らかく、木理が交錯して逆目を起こすこともある。

針葉樹であるコウヤマキは、福島県以南の本州と四国・九州に分布する常緑高木である。木理が通直で美しく、耐久性があり、水湿にもよく耐える。加工・切削も容易である。前述した『日本書紀』に記されていたように、クスノキは船の用材、コウヤマキは木棺《もっかん》の用材として利用されたものと考えられる。ただ、クスノキは弥生・古墳時代の中で、弥生時代に利用が集中（三七三点中三三七点・九〇・三％）する傾向が見られる。この時期は、道具の材質が石から鉄へ移行する時期であり（後述）、縄文時代のクリと石器、弥生・古墳時代のスギ・ヒノキと鉄器、といった関係の間を結ぶ過渡期に位置している。

クスノキと関係の強い道具とは何であったのか、今後解明すべき重要なテーマである。

弥生・古墳時代の建築構法と部材接合法

弥生・古墳時代の建築構法

弥生時代における竪穴形式の建築は、東日本が主柱四本を基本とする形式、西日本が規模に比例した主柱本数をもつ円形平面を基本とする形式、でそれぞれ推移した。古墳時代以降は、全国的に方形平面となり、一一世紀ごろまで、一般集落の住居として生きつづけた。

平地形式の建築は、弥生・古墳時代を通して、拠点集落の中心建物として、多く使われた。

弥生時代の高床形式の建築は、縄文時代からの流れを継承して、梁間一間を基本としていた。古墳時代になると、この形式の他に、梁間二間以上の総柱式の高床建築（先駆例は弥生時代にもある）が加わり、古墳時代後期になると、総柱式が主流となった（宮本 一九九六）。

弥生・古墳時代における竪穴形式・平地形式・高床形式の建築は、いずれも基礎が掘立構造で、上部（軸部）が垂直材と水平材を組み合わせた構造のものが多くつくられたと考えられる。しかし、高床形式の建築の中に、壁体を水平材を積み上げるだけで構成した構造と推定される例も見られる（後述）。

高床形式建築の床組接合法

弥生・古墳時代の遺跡から、高床形式と推定される建築部材が、少なからず発見されている。それらの部材によって、弥生・古墳時代には、多様な床組接合法が存在していたことが明らかになってきた（宮本 一九九六）。

第一に、「那珂久平遺跡」（弥生後期、福岡県）や「山木遺跡」（弥生後期、静岡県）などから、枝を残した柱材が出土している。これは、枝（股木）部分で大引材《おおびきざい》を支える形式と考えられる（A形式と仮称。以下同様に仮称）。

第二に、「西小田遺跡」（弥生中期、福岡県）で、桁行三間の柱掘方内《はしらほりかた》に、桁行方向に並んだ大小二個の柱穴が見られる。これは、側柱《がわばしら》に大引を支える床束を添えた形式と考えられる（B形式）。

第三に、「登呂遺跡」「山木遺跡」「上土遺跡」（いずれも弥生後期、静岡県）、「石川条里遺跡」（弥生後期、長野県）、「台遺跡」（弥生末期から古墳初期、静岡県）、「古照遺跡」（四世紀後半、愛媛県）、「納所遺跡」（古墳前期、三重県）などで、高床と推定される位置に段差があり、上方が細く下方が太い柱材が出土している。これらは、ともに出土している鼠返《ねずみがえ》し材や板材と考えあわせ、床上方を板倉形式とした高床建築と推定される（C形式）。

第四に、「原の辻遺跡」（弥生中期、長崎県）から枘《ほぞ》部分に木栓穴を有する大引と推定される部材が出土し、「上小紋遺跡」（弥生末期、島根県）から貫通した穴を有する断面円形の柱材が出土している。これらの部材より、柱にあけられた枘穴に大引枘を接合させた形式の高床建築が考えられる（D形式）。

第五に、「有年原田中遺跡」（弥生後期、兵庫県）から端部に輪薙込《わなぎこ》みがあり、約三〇《センチメートル》間隔で交互に向きを変えた（直交）貫通した穴（五段）を有する柱材が、「古照遺跡」（四世紀後半、愛媛県）からも同様の柱材が、それぞれ出土している。これらの部材より、柱頭部で床材を受ける形式の高床建築が推定される（E形式）。

そして第六に、「湯納遺跡」（弥生後期、福岡県）から、端部に短枘《たんほぞ》を有する床束《ゆかづか》（もしくは束柱《つかばしら》）と推定される部材が出土している。これは、床束（もしくは束柱）で床を支え、その上方を水平材だけで構成する高床建築の可能性が考えられる（F形式）。

床組接合法と高床構法

前述したAからFまでの形式の中で、AからDまでの四形式が高床一体構法、EとFの二形式が高床分離構法、とそれぞれ推定される。

後者の高床分離構法の場合、その床上方は、斜材だけの構法、水平材だけの構法、垂直材と水平材による構法のいずれかの可能性が考えられ、出土部材の吟味が必要である。

古墳時代に多く見られるようになる梁間二間以上の高床形式の場合、第一に棟木《むなぎ》・母屋《もや》桁《げた》・側桁《がわげた》を直接支える通柱《とおしばしら》の形式（G形式）、第二に側廻りの水平材（梁・桁）を柱で支え、内部は束によって床を支える形式（H形式）、そして第三に束だけで床を支える形式（I形式）、などがある。

これらの中で、GとHの二形式が高床一体構法、I形式が高床分離構法と考えられる。たとえば、「北新町遺跡」（五世紀後半、大阪府）では、三間×三間の規模で、側廻りと内部の柱穴（もしくは束柱穴）に大きさ・深さの相違がないことから、G形式かI形式の可能性が考えられている。I形式の場合、床上方は水平材だけの構法であったと推定される。

なお、床下が水平材だけで構成される高床分離構法の場合、その痕跡が地面に残ることはほとんどないため、部材そのものの出土がないと判別は困難である。

出土建築部材に残る接合法

高床建築に限定せず、全国の弥生・古墳時代の遺跡から出土した建築部材に残された接合法について概観しておく（『先史時代の木造建築技術』二〇〇〇、宮本　一九九六）。

第一に、「西岩田遺跡」（弥生後期、大阪府）からの出土部材に、股木接合が見られる。

第二に、「下月隈C遺跡」（弥生後期、福岡県）、「惣利遺跡」（弥生～古墳、福岡県）、「原の辻遺跡」（弥生中期、長崎県）、「百間川遺跡」（弥生、岡山県）、「恩智遺跡」（弥生中期～後期、大阪府）、「上土遺跡」（弥生後期、静岡県）などから、枘《ほぞ》や長枘《ながほぞ》の加工された部材が出土している。また、「辻田遺跡」（弥生中期～後期、福岡県）、「那珂久平遺跡」（弥生、福岡県）、「菜畑八反田遺跡」（弥生前期、佐賀県）、「上小紋遺跡」（弥生後期、島根県）、「岡島遺跡」（弥生、愛知県）、「山木遺跡」（弥生後期、静岡県）などから、枘穴が加工された部材が出土している。

第三に、「辻田遺跡」（弥生中期～後期、福岡県）、「菜畑八反田遺跡」（弥生前期、佐賀県）などから、相欠《あいか》きが加工された部材が出土している。

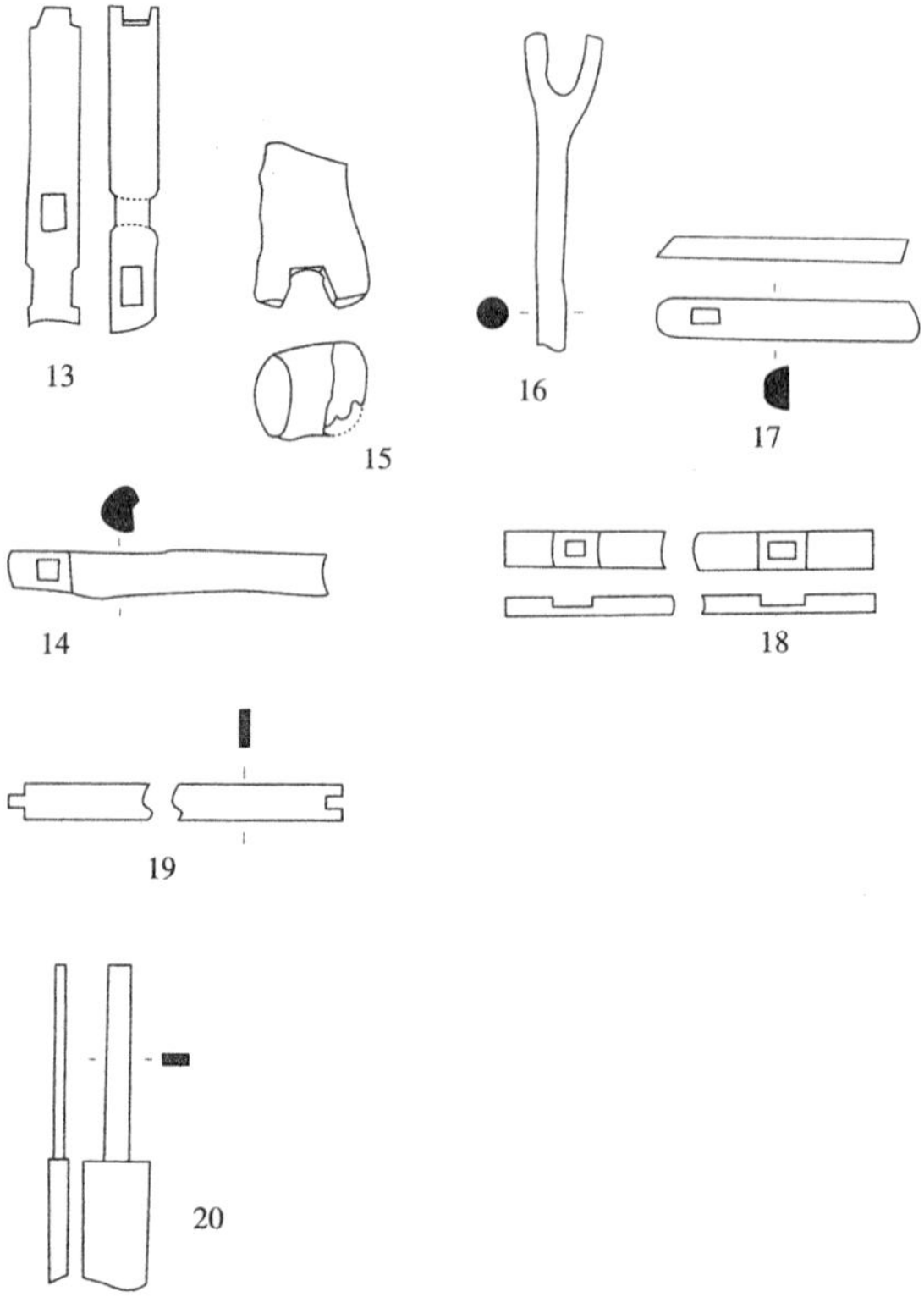

接合部形状（各遺跡の発掘調査報告書の掲載図版を模写）
ツイジ遺跡　5 鶴町遺跡　6 那珂久平遺跡　7 菜畑八反
11百間川遺跡　12上小紋遺跡　13有年原田中遺跡　14恩
18, 19山木遺跡　20上土遺跡

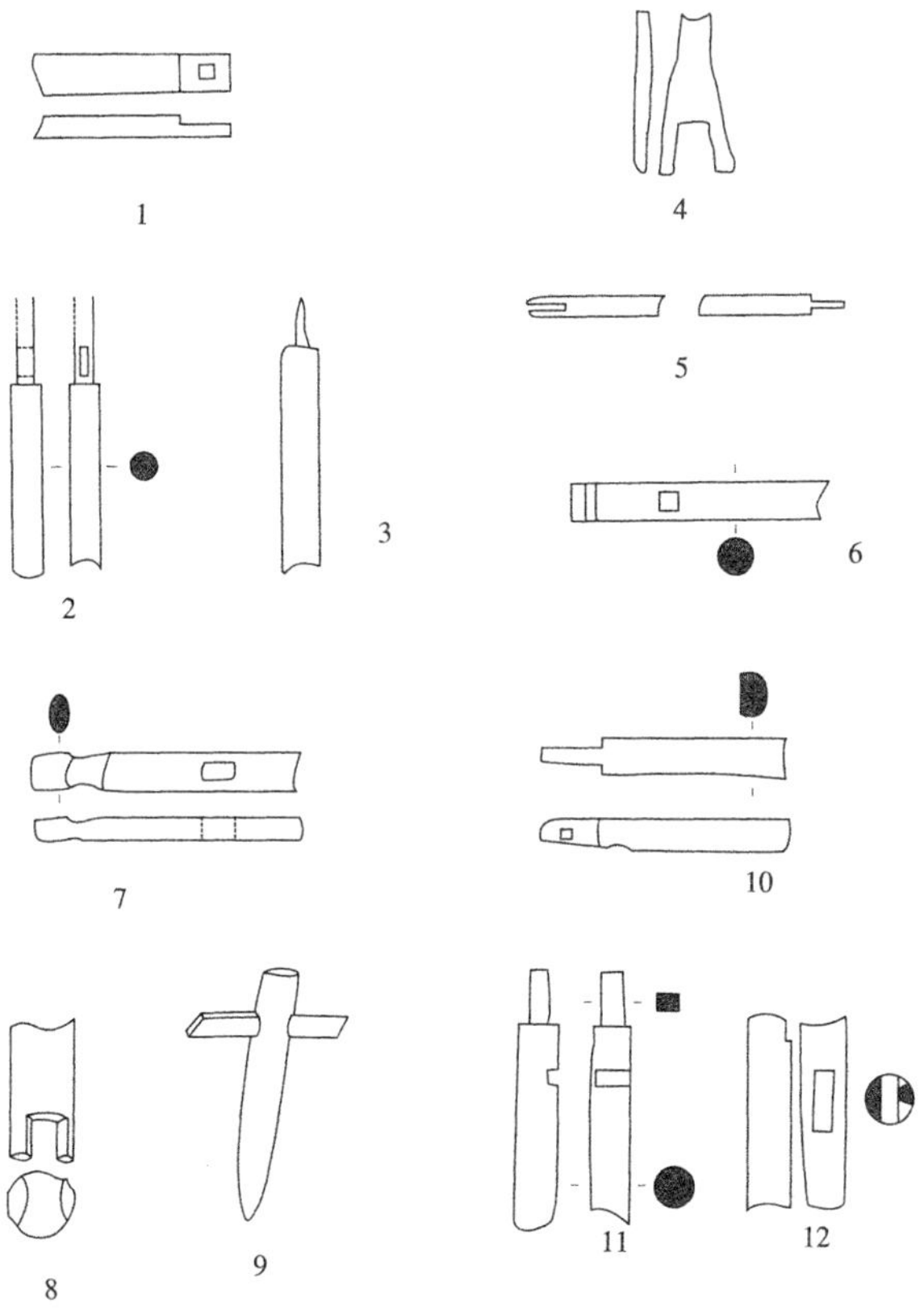

図15　弥生・古墳時代の建築部材と

1辻田遺跡　2下月隈C遺跡　3惣利遺跡　4拾六町
田遺跡　8利田柳遺跡　9湯崎東遺跡　10原の辻遺跡
智遺跡　15瓜生堂遺跡　16西岩田遺跡　17岡島遺跡

第四に、「那珂久平遺跡」(弥生、福岡県)、「菜畑八反田遺跡」(弥生前期、佐賀県)などから、欠込みの加工された部材が出土している。

第五に、「有年原田中遺跡」(弥生後期、兵庫県)から輪薙込みが加工された部材が出土している。また、「拾六町ツイジ遺跡」(弥生〜古墳、福岡県)、「利田柳遺跡」(弥生、佐賀県)、「瓜生堂遺跡」(弥生中期、大阪府)などから、「逆輪薙込み」の加工された部材が出土している。

第六に、「下月隈C遺跡」(弥生後期、福岡県)、「湯崎東遺跡」(弥生後期、佐賀県)、「有年原田中遺跡」(弥生後期、兵庫県)などから、貫通しの加工された部材が出土している。

そして第七に、「鶴町遺跡」(弥生、福岡県)、「山木遺跡」(弥生後期、静岡県)などから、三枚組の加工された部材が出土している(図15)。

以上より、弥生・古墳時代における建築部材接合部は、接合法基本形一七種類のうち、縄文時代に存在していた八種類に加え、三枚組を含めた九種類が確認できる(前掲表7)。

石器から鉄器へ

弥生・古墳時代の石器と鉄器

弥生時代の前半においては、縄文時代からの磨製石器の伝統を継承し、断面が長円形の石斧《せきふ》（太型蛤《はまぐりば》刃石斧）と、断面方形もしくは断面長方形の石斧（柱状片刃石斧・扁平片刃石斧）とが、定型的なセットとして使われていた。

前者の石斧は、主として伐木用に、後者の石斧は、石鑿としての使用も含めて主として部材加工用として、それぞれ使われたものと推定される。

弥生時代の中ごろから後半にかけて、これらの石器が鉄器へと移行していった。

鉄生産と鉄加工

弥生・古墳時代における鉄生産と鉄加工の技術に関して、それまでの先学による研究成果をふまえたうえで、東アジアも含めて広い視野から論述した優れた研究文献がある（村上　一九九八）。この研究成果にもとづき、鉄生産と鉄加工の大きな流れを把握しておきたい（表8）。

わが国では、弥生時代前期から中期にかけて、大陸から舶載《はくさい》された鉄器を再加工して利用することが多く行なわれていた。

弥生時代中期末を第Ⅰの画期とし、それ以降、舶載された鉄素材から多種多様な鉄器を鍛造する鍛冶技術が、北九州から瀬戸内以東へ普及していった。

弥生時代終末期から古墳時代初めにかけてを第Ⅱの画期として、高温による鉄加工の技術が九州に伝来し、東方へ伝播《でんぱ》していった。この動きの中で、瀬戸内（西部）地方に、威信財としての鉄器を製作する専業工人が見られるようになる。ただ、この時期は、依然として鉄加工における西高東低の技術格差の状況が続いていた。

古墳時代前期前半を第Ⅲの画期として、鍛冶工房の広範な分布が見られるようになり、各地に格差なく鉄器が普及していった。そしてこの時期に、畿内において、専業鍛冶の高い組織性を背景として、威信財鉄器の生産が顕著となる。

古墳時代中期中ごろを第Ⅳの画期として、ヤマト朝廷が渡来技術者を大規模に受け入れ、手工業生産の体制拡充をはかる中で、畿内における鉄生産（製鉄）も想定できる段階に到達する。また、各地の古墳に優れた鍛冶道具を副葬する例も見られるようになることから、有力豪族が鉄加工の先進技術の獲得に努めるようになったと考えられる。さらに、鍛冶にかかわる祭祀も出現し、民衆レベルにも鍛冶技術が浸透していったと推定される。

古墳時代後期後半を第Ⅴの画期として、鉄生産（製鉄）が顕在化し、鍛冶集団の重層化・分業化が進む中で、中国山地が鉄生産の中心地としての歩みをはじめた。

そして律令制前夜を第Ⅵの画期として、鉄と国家の関係がはじまった。

以上より、弥生時代には九州が鉄加工の高い水準の技術を有していたが、古墳時代に入るとその中心は畿内に移り、鉄生産の技術も畿内とその近辺が先進地域となったと考えられる。

弥生・古墳時代の鉄斧

鉄斧は、木柄との装着部形状により、茎《なかご》式・袋式・孔式などに（前述）、斧身の平面形状は無肩と有肩に、斧身刃部の縦断面形状は両刃・偏心両刃・片刃などに、それぞれ分類できる。

全国の遺跡から出土した鉄斧には、無肩茎式鉄斧、無肩袋式鉄斧、有肩袋式鉄斧、無肩

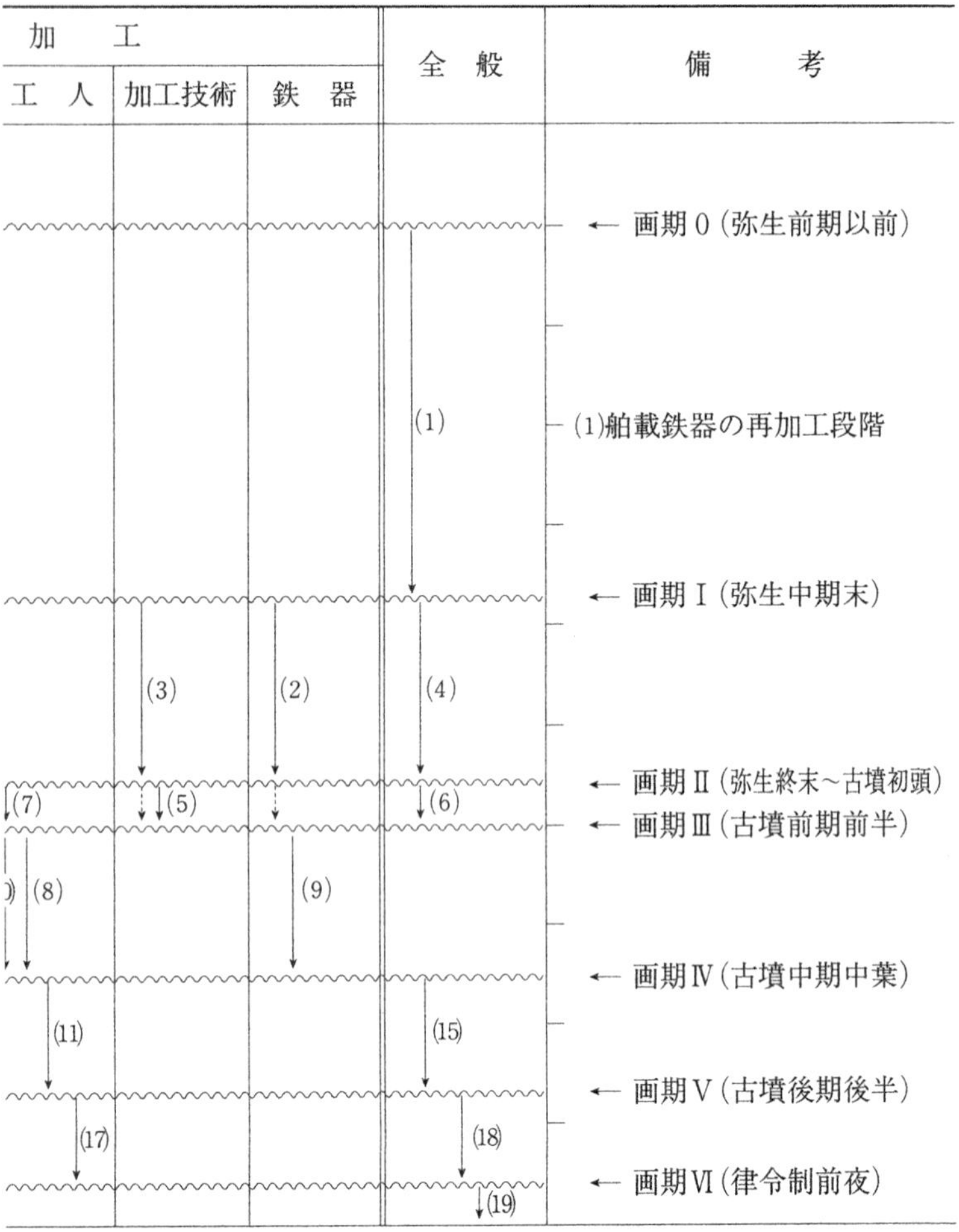

箸しい低下減少　(5)高温操業の鍛冶技術が九州へ到来し，東方へ伝播　(6)西高東低の鉄器
工房の広範な分布　(9)鉄器が格差なく普及　(10)畿内で威信財鉄器生産が顕著に．専業鍛冶
が渡来技術者を大規模に受け入れ　(13)畿内で，製鉄も想定できる段階　(14)優れた鍛冶道具
見．民衆レベルにも鍛冶技術が浸透　(16)製鉄の顕在化　(17)鍛冶集団の重層化・分業化　(18)
ータ：村上 1998 より］

表8　弥生・古墳時代の鉄生産と鉄加工

時代＼技術		鉄生産				鉄	
		原料	道具	工人	生産技術	鉄素材	道具
縄文	4C						
	3						
	2						
弥	1						
	BC/AD						
	1						
生	2						
	3						
	4						
古	5						
墳	6			↓(12)		↓(13)	↓(14)
古代	7C			↓(17)	↓(16)		

注：(2)多種多様な鉄器を鍛造　(3)鍛冶技術が九州から瀬戸内以東へ　(4)(2)と(3)において，生産状況はそのまま　(7)威信財としての鉄器を生産する専業工人が瀬戸内に　(8)鍛冶の高い組織性　(11)手工業生産部門での生産体制の拡充と新たな組織化　(12)ヤマト朝廷を副葬する古墳が各地に散在．各地の有力者も先進技術の獲得に努力　(15)鍛冶祭祀の出中国山地が，鉄・鉄器生産の中心地への歩みを　(19)鉄と国家の関係がはじまる［原デ

孔式鉄斧などが含まれている。なお、弥生・古墳時代の出土遺物の中に、有肩茎式鉄斧と有肩孔式鉄斧を、まだ確認できていない。

無肩茎式鉄斧の刃部縦断面形状が両刃のものは、切断用縦斧としての用途が推定されるほか、斧身形状・斧身長さ・刃部幅・刃元厚などの相関によっては鉄製楔としての用途も考えられる。偏心両刃は、横斧の用途が推定される。そして片刃は、精巧な切削に用いる横斧としての用途のほか、斧以外の用途も考えられる。たとえば、柄の装着方法によっては鑿として使用した可能性もあり、建築主体部加工用以外としては、室内調度品（机など）を精巧に切削するための原初的カンナ（鉋）の可能性も否定できない（図16）。

無肩袋式鉄斧は、斧身縦断面形状が、袋部から刃部にかけて徐々に薄くなるものと、袋部の一方に段差があるものとがある。前者は刃部幅の広狭により縦斧か鑿のいずれかの可能性があり、後者は横斧の可能性が高い（図17）。

有肩袋式鉄斧は、斧身縦断面形状が、袋部から刃部にかけて徐々に薄くなるもの（楔形状）、袋部の一方に段差があるもの（片段）、袋部の両方に段差があるもの（両段）、などが見られる。第一の形状のものは、刃部幅の広狭により、切削用縦斧か切断用縦斧の可能性が高く、片段・両段形状のものは横斧の可能性が高いと考えられる（図18）。

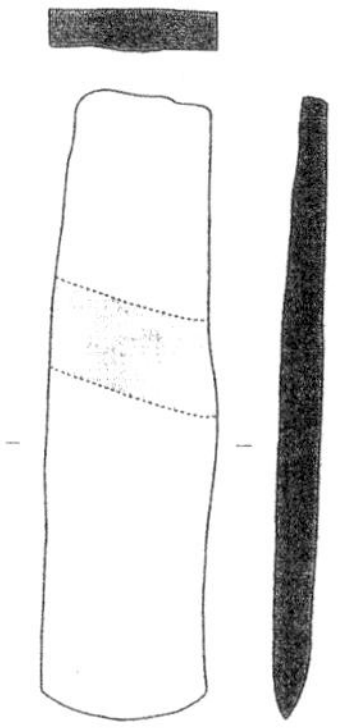

図16　弥生・古墳時代の無肩茎式鉄斧（真名井古墳〈古墳時代，大阪府〉出土鉄斧実測図を模写）

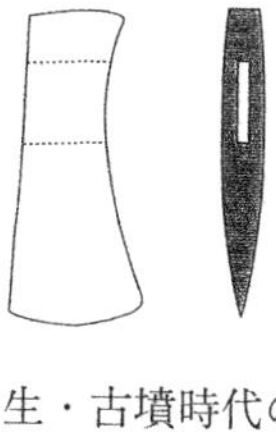

図19　弥生・古墳時代の無肩孔式鉄斧（塚山古墳〈5世紀，奈良県〉出土鉄斧実測図を模写）

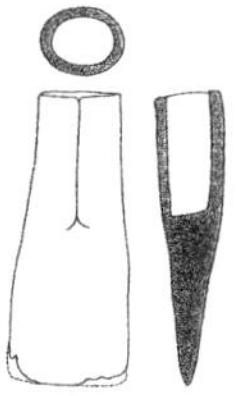

図17　弥生・古墳時代の無肩袋式鉄斧（老司古墳〈古墳時代，福岡県〉出土鉄斧実測図を模写）

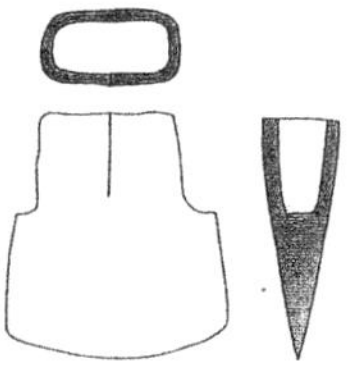

図18　弥生・古墳時代の有肩袋式鉄斧（黄金塚古墳〈古墳時代，大阪府〉出土鉄斧実測図を模写）

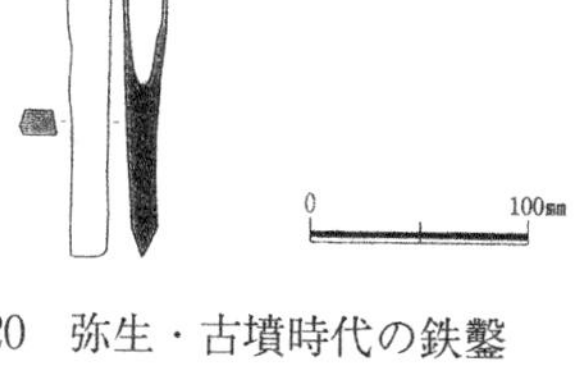

図20　弥生・古墳時代の鉄鑿（宮の前遺跡〈弥生時代，福岡県〉出土鉄鑿実測図を模写）

そして無肩孔式鉄斧は、斧身刃部縦断面形状が両刃で、切断用縦斧として使用されたと考えられる（図19）。

弥生・古墳時代の鉄鑿

鉄鑿は、木柄との装着部形状が茎式と袋式に、鑿穂部分の平面形状が無肩と有肩に、刃部の縦断面形状が両刃・偏心両刃・片刃などに、それぞれ分類できる。

全国の遺跡から出土した鉄鑿には、無肩茎式、有肩茎式、無肩袋式、有肩袋式などが含まれている。

刃部縦断面形状が両刃のものは打割製材用などに、偏心両刃や片刃のものは部材加工用などに、それぞれ使われたと考えられる（図20）。

建築造営と工人たち

弥生・古墳時代に限らず、困難や危険をともなう建築造営に、工人たちを向かわせる「力」とは何であろうか。その「力」には、内的な力と外的な力があるように思われる。

内的な力とは、無から形あるものをつくり出す工人《たくみ》に共通する創造のよろこび。ある見通しを立て、道具を用いて材料を加工し、形あるもの（建築）を完成させるよろこび。社会の中で与えられた役割に応え、その使命を達成したときのよろこび。そういったものが内的な力を生み出す源泉と考えられる。

階級社会と外的な力

建築専門工人が誕生したと推定される縄文時代（前述）には、ひとつの集落かいくつかの集落の共同作業として、大規模建築をつくろうとする共通の意志がはたらいていたと考えられる。それが、工人を建築生産活動に従事させる主要な原動力であったと思われる。

弥生時代に階級社会が成立すると、支配者階級の意志が、大きな強制力となって建築工人たちに向けられたと考えられる。

その建築工人たちの姿が、おぼろげながら見えてくるのが古墳時代である。この時代、文字による記録は残されていないが、八世紀に編まれた『古事記』『日本書紀』『万葉集』などを分析することにより、当時の様子を推定することができる。

忌部氏と猪名部氏

四世紀から六世紀にかけての日本は、中央政権であるヤマト朝廷の下に、各地の有力な氏族が分業体制で生産を支える部族国家的性格を有していたと考えられる。

氏族の長（伴造《とものみやつこ》）は、担当した職務の遂行に、自己の私民（品部《ものべ》）をあたらせていた。建築生産においては、建築造営の祭祀を含めてもモノイミの祭祀を担当していた忌部《いんべ》氏や、建築や船をはじめとする木工技術にすぐれていた猪名部《いなべ》氏などが、重要な役割を果たしていたと考えられる（田辺・渡辺　一九六八、永井　一九八二）。

鉄斧による伐木

石斧《せきふ》と鉄斧《てつぷ》の切断効率を比較した実験によると、径約二〇センチメートルのマツの立木を現代人が伐る場合、石斧で一二分、鉄斧で三分であったという。

一九世紀中ごろの文献資料（『木曾式伐木運材図会』）であるが、鉄斧による伐木技術に関する記述がある。その内容は、近代化以前の技術を記録したもので、伐木に鉄斧を使うようになって以降、一九世紀にいたるまで、それほど大きな変化はなかったのではないかと思わせる内容である。

大木の「元伐」の場合、まず「根元三、四尺上」を、「斧を以《もっ》て」「鼎足《ていそく》のやうに穴を穿《うが》」つ。この穴のあけ方に応じて、「三ツ足」「五ツ足」などと称した。

木を倒す方向にあけた穴を「受け口」、その反対側の穴を「追い口」、伐り残しの部分を「追い弦」という。

「木の傾く方見立て」、「倒るる所の邪魔になる木を伐り払ひ置く」。これを「小場払《こばはら》ひ」と称する。

そして、「一方の鼎足を伐り放」つと、「自から倒」れる。この「倒ル、時」、「発声三度アグル」という。

弥生・古墳時代の鉄斧による伐木技術は、ここに記した近世の技術と、大きな相違はなかったと推定される。

弥生・古墳時代の製材技術

弥生・古墳時代の遺跡から出土した建築部材は、材種が縄文時代のクリ（広葉樹）主体からスギ・ヒノキなどの針葉樹主体に変化するものの、柱材底部や板材などは、縄文時代の部材と類似した形状を示している。

弥生・古墳時代の出土建築部材にもとづく製材実験は、まだ行なっていないが、部材の観察によると、製材技術は縄文時代のそれを継承しているように推定される。

すなわち、まず、伐り倒した樹木を縦斧によって所定の長さに切断し、原木をつくる。次に、その原木を鉄斧と木製楔《くさび》を用いて割裂させる（大割）。さらに小さく分割する場合は、鉄鑿《てつのみ》と木製楔を用いる（小割）、といった製材法が、弥生・古墳時代に行なわれていたと考えられる。

出土資料からの推定

弥生・古墳時代の出土建築部材に残された接合部の形状（前述、六九～七二ページ）をもとに、当時の加工技術を推定する。

第一に、丸太材の材端に二股部分を残した接合部は、繊維直交切断（α_1）、繊維直交切削（γ_1）、繊維平行切削（γ_3）などを組み合わせ、刃部を振り回して使用（S）することによって加工したと考えられる。

第二に、枘《ほぞ》や長枘が残された接合部は、枘の肩部分を繊維直交切断（α_1）で、枘部分を維持平行切削（γ_3）で、それぞれ刃部を叩く（H）ことによって加工したと推定される。

第三に、枘穴《ほぞあな》、相欠《あいか》き、欠込《かきこ》み、輪薙込《わなぎこ》み、貫通《ぬきとお》し、三枚組などの接合部も、繊維直交切断（α_1）、繊維平行切削（γ_3）、刃部叩き使用（H）、といった方法で加工されたと考えられる。

これらの接合部の加工には、鉄鑿が重要な役割を果たしたと推定される。

弥生・古墳時代の建築用道具編成

第一に、弥生・古墳時代の無肩茎式鉄斧は、刃部断面が両刃で刃元厚一〇ミリメートル以上のものが主として切断用の縦斧に、刃部縦断面が偏心両刃で刃元厚が一〇ミリメートルに近いものが主として横斧に、そして刃部縦断面が片刃で刃元厚五ミリメートルくらいのものが横斧もしくは鑿に、それぞれ使われていたと考えられる。

第二に無肩袋式鉄斧は、斧身縦断面が楔形状で刃元厚一〇ミリメートル前後のものが主として切断用縦斧に、斧身縦断面が片段形状で刃元厚五ミリメートル前後のものが主として横斧に、そして斧身平面が袋部から刃部にかけて狭くなっていく形状で刃部幅四〇ミリメートル以下のものが主として鑿に、それぞれ使われていたと推定される。

第三に有肩袋式鉄斧は、弥生時代にごくわずかな有肩を形成するものが少数例あり、広い肩を形成するものは古墳時代に出現する。斧身縦断面が楔形状で斧身長さ二〇〇ミリメートル以上のものが主として切断用縦斧に、斧身縦断面が楔形状で刃部幅が八〇～一〇〇ミリメートルのものが主として切削用縦斧に、斧身縦断面が片段形状で刃部幅が四〇～六〇ミリメートルのものが主として横斧に、それぞれ使われていたと考えられる。

第四に孔式鉄斧は、古墳時代に少数例が確認でき、切断用縦斧として使われていたと推定される。

第五に、弥生・古墳時代の茎式鉄鑿は、無肩のものが弥生・古墳いずれの時代にも、有肩のものが古墳時代に、それぞれ確認できる。刃元厚が五ミリメートル以上のものが主として荒加工用に、刃元厚が三ミリメートル前後のものが主として精巧な加工用に、それぞれ使われたと考えられる。

そして第六に、袋式鉄鑿も、無肩のものが弥生・古墳いずれの時代にも、有肩のものが古墳時代に、それぞれ確認できる。刃元厚が一〇ミリメートル前後かそれ以上のものが主として荒加工用に、刃元厚が五㍊前後かそれ以下のものが主として精巧な加工用に、それぞれ使われたと推定される。

以上より、弥生・古墳時代における建築用道具の基本編成は、伐木用に縦斧形式の鉄斧、製材の割裂段階に鉄斧・鉄鑿と楔、荒切削段階に刃幅の広い縦斧と横斧、そして建築部材加工に主として鉄鑿、がそれぞれ使用されていたと考えられる。

渡来した新しい建築技術

古代・中世

古代・中世の建築用材

スギ・ヒノキとクリの利用

前掲した「表1」(一四ページ)において、古代・中世は、主要建築用材八種の集計総数が八三七六点で、スギの利用が約三分の一を占め(二九九六点・三五・七%)、その次がクリ(二一六二点・二五・八%)である。ヒノキも五分の一強(一八四八点・二二・一%)を占め、スギ・クリ・ヒノキの三種で、八種全体の八割強である。

主要建築用材の樹種別利用状況の中で、古代・中世の利用が最も多いのがヒノキ(総数四〇八九点のうち一八四八点・四五・二%)である。

また、ケヤキ(総数一二三四点のうち四〇七点・三三%)とモミ(総数一六〇〇点のうち四九四点・三〇・九％）も、古代・中世の利用が三割強を占めている。なお、ケヤキとモミの利用が最も多い時代は、いずれも弥生・古墳時代である。

広葉樹であるケヤキは、本州・四国・九州の山野に広く分布する落葉高木で、高さ五〇メートル、径二・七メートルに達するものもある。心材部分の耐久性は高く、水湿にも強い。加工・切削は硬いわりには容易で、木理《もくめ》が美しく、光沢もすぐれている。

針葉樹のモミは、東北中部以南から四国・九州に分布し、高さ四五メートル、径一・五メートルに達する。軽軟で、加工・切削・割裂は容易であるが、耐久性は低い。

古代建築と用材

古代における建築用材としては、豊かな財力を背景とした大規模寺院などにはヒノキが多く使われ、宮殿などの建築用材に、ヒノキとともにコウヤマキの利用も多い。

ただ、古代の建築用材が、すべてヒノキに統一されていたわけではなく、「山田寺廻廊」（七世紀、奈良県）の柱にクスノキが、「室生寺金堂」（平安初期、奈良県）や「法隆寺綱封蔵」（平安初期、奈良県）の柱などにスギが、「醍醐寺五重塔」（九五一年、京都府）の柱にヒノキとともにケヤキが、それぞれ使われている。

さらに斗《ます》や肘木《ひじき》などの組物の中で、大きな荷重がかかる部材にケヤキが用いられている例が多く見られる（岡田　一九八四）。

中世における建築用材としては、東海・近畿・瀬戸内地方の寺院建築と、各地の神社建築の主要部材に、ヒノキが多く使われている。

中世建築と用材

しかし、全国各地に現存している中世の寺院建築の主要部材には、ヒノキ以外の用材が少なからず見られる（伊原　一九八八）。

まず、中部地方から東では、たとえば「立石寺本堂」（一三五六年、山形県）の柱にスギとブナが、「熊野神社長床」（一二八〇年、福島県）の柱にケヤキが、「蓮華峯寺骨堂」（一三三八年、新潟県）の全部材にスギが、「福徳寺弥陀堂」（一二七〇年、長野県）の部材大半にスギが、「国分寺三重塔」（一三七〇年、長野県）の柱にケヤキが、それぞれ使われている。

次に、近畿地方では、たとえば「桑実寺本堂」（一三七〇年、滋賀県）の柱にヒノキとともにマツが、「九品寺楼門」（一三二〇年、京都府）の部材大半にマツが、「法隆寺上御堂」（一三一八年、奈良県）の柱にヒノキとともにツガとケヤキが、「室生寺御影堂」（一三六〇年、奈良県）の柱にケヤキが、「宝撞寺《ほうどうじ》本堂」（一三八五年、奈良県）の柱にケヤキが、「竜泉寺仁王門」（一二七五年、大阪府）の柱にカシが、「来迎寺本堂」（一三二五年、大阪府）の柱にカヤが、「道成寺本堂」（一三五七年、大阪府）の柱にケヤキ・ツガ・クスが、「久安寺楼門」(一四〇〇年、大阪府)の柱にツキが、「利生護国寺本堂」(一三八五年、和歌山県)の柱にケヤキとカヤが、「温泉寺本堂」(一三八五年、兵庫県)の柱にマツ・ケヤキ・カツラ・クヌギが、それぞれ用いられている。

そして、中国地方より西では、たとえば「長福寺三重塔」(一二八五年、岡山県)の全部材にマツが、「宝福寺三重塔」(一三七六年、岡山県)の柱にツガが、「明王院本堂」(一三二一年、広島県)の柱にツガが、「明王院五重塔」(一三四八年、広島県)の柱にヒノキとともにマツ・ケヤキ・タブが、それぞれ使われている。

仏教寺院建築の伝来

六世紀後半以降、大陸から仏教寺院建築の様式と技術が伝来し、礎石立の基礎構造で、瓦葺《かわらぶき》の屋根を組物（斗栱《ときょう》）で支える高度な建築構法が定着、普及していった。

古代の建築構法

古代における礎石立基礎の上部構造は、柱径が大きく安定しており、頭貫《かしらぬき》と、角材に近い長押《なげし》によって連結された。

頭貫は、柱頂部に輪薙《わなぎ》込《こ》んで各柱間を通す方法と、両端を大入れとして一間ごとに渡す方法とがあった。

長押は、開口部のある柱間では内法長押《うちのりなげし》・腰長押・地長押などが釘によって打ち付けられ、壁だけの柱間では長押のない例もあった。

古代における活発な建築生産活動は、濫伐による木材資源の減少をもたらし、大径木が入手困難となったことなどを主たる要因として、柱などの建築部材が徐々に細くなっていった。

中世の建築構法

一二世紀末から一三世紀にかけて、多くの貫《ぬき》によって柱などの軸部を固める建築技術が、大仏様《だいぶつよう》・禅宗様《ぜんしゅうよう》などの新しい寺院建築様式とともに大陸から伝来し、和様など古代からの伝統寺院建築や神社・住宅建築などにも影響を与えた。

貫を用いることによって、柱などの建築部材寸法を小さくすることが可能となった。この新技術導入は、前述した木材資源の減少と密接に関連した動きであったと考えられる。

中世における礎石立基礎の上部構造は、三つの建築様式それぞれに特徴がある。

第一に大仏様の場合、開口部上下の貫（内法貫《うちのりぬき》、腰貫、地貫）が太くつくられ、柱との接合部が細くなっているため、これらの貫は、柱を貫通していない。一方、貫の一種である通肘木《とおしひじき》は、柱を貫通している。

第二に禅宗様の場合、内法貫が柱を貫通し、隅柱で小根枘によって組み合わされている。

頭貫は断面が大きく、柱頂部で輪薙込みによって接合され、腰貫と地貫は、初期段階では柱を貫通していなかった。

そして第三に和様の場合、古代からの頭貫に加え、中世になると飛貫、内法貫、足固貫なども用いられるようになった。

たとえば足固貫は、一三世紀前半ころから使われはじめ、初期段階では梁間《はりま》方向だけに通し、その後、桁行《けたゆき》方向にも通すようになった。

また、一四世紀ころから、古代建築を修理する際に、構造強化の手法として貫を加えることが一般化していった。

掘立基礎と土台立基礎

古代・中世においては、前述した寺院建築や、宮殿内の中心建物、上流貴族の住宅などが礎石立基礎でつくられる一方、宮殿内の付属建物や一般集落の建築は、従来どおりの掘立《ほったて》基礎でつくられた。

平地形式で掘立基礎の建築の上部構造は、古代と中世でちがいが見られる。すなわち、古代は、長さと太さの異なる身舎《もや》柱《ばしら》と庇《ひさし》柱《ばしら》に水平材を接合させた構造、中世は長さと太さの同一な柱に水平材を接合させた構造、と推定される。

また、柱間寸法に対する柱径の比率は、古代が一一〜一二%、中世が七〜九%と、時代が降るにしたがって細くなる傾向にある（宮本　一九九九）。

古代・中世における土台立基礎の建築は、六世紀後半に、礎石立基礎の建築とともに移入されたと考えられているが、その時代の現存遺構がなく、発掘調査でもその痕跡を見つけることが困難である。

土台立基礎で、その上部を水平材だけで構成した建築は、『信貴山《しぎさん》縁起《えんぎ》絵巻《えまき》』（一一五〇年から一一八〇年の間に成立）に描かれている。この建築は、高床形式の床上方に水平材を積み重ねた建築（この形式は古代以降の建築が現存）ではなく、土台の上に直接水平材を積み重ねた建築である（図21）。

古代・中世前半の建築部材接合法

古代以降の現存遺構に残る部材接合部を調査した研究文献（内田　一九九三）によると、建築部材接合法の変遷には、①一二〇〇年前後、②一四〇〇年前後、③一五〇〇年から一六〇〇年、という三つの画期が認められるという。

第一の画期では、建築部材を上方へ積み重ねていく架構から、部材相互を固めていく架構への変化が見られる。

たとえば、桁などの仕口《しくち》として従来の大入《おおい》れ・相欠《あいか》き・欠込《かきこ》みなどから、蟻《あり》・目違《めちが》いなどを用いるようになったこと、柱と頭貫《かしらぬき》の仕口として、従来の輪薙込《わなぎこ》み仕口に顎《あご》が合成され、ズレ防止の工夫がなされたこと、貫を用いて柱相互を一体化させるようになったこと、などがあげられる（図22）。

ただ、構造材と造作材との接合法は、大入れや枘《ほぞ》などのルーズな仕口のままで、両者を緊密に接合させようとする意図は見られない。

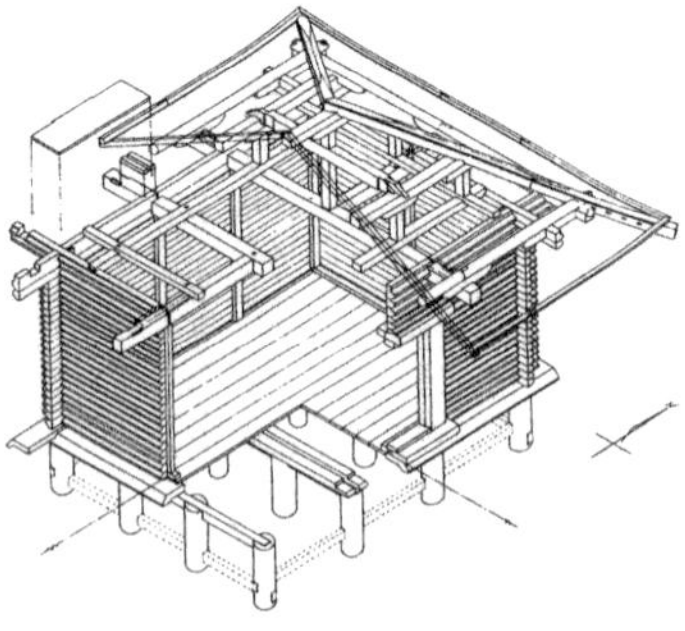

図21　古代・中世の建築構法：水平材を主体にした建築（東大寺勧進所経庫〈奈良時代，奈良県〉：文化財建造物保存技術協会編・発行『文化財建造物伝統技法集成』1986より転載）

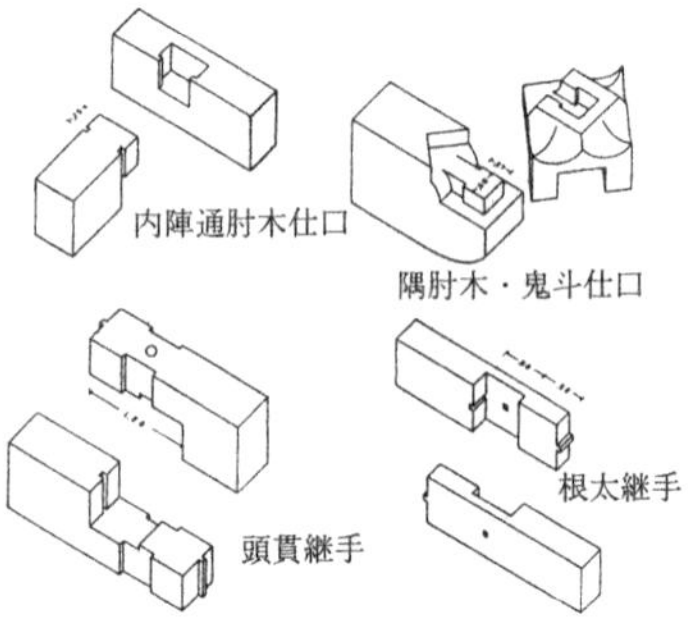

図22　古代・中世の建築部材接合法：第一の画期（1200年頃）（大報恩寺本堂〈1227年，京都府〉：前掲『技法集成』より転載）

接合法の発達

一四〇〇年前後の第二の画期では、接合法を選択するうえで、野物材《のものざい》（天井上や床下などの見えない部材）と化粧材《けしょうざい》（室内などの見える部材）、あるいは構造材と造作材、とをはっきり区別するようになったことがうかがえる。たとえば、構造材の中では野物材に略鎌《りゃくかま》系の継手を、化粧材に鎌系の継手を、それぞれ採用し、化粧材の中では構造材に鎌系の継手を、造作材に殺《そ》ぎ系の継手を、それぞれ採用している（図23）。

そして一五〇〇年から一六〇〇年にかけての第三の画期では、大材が得にくくなったことを背景として、柱位置以外で接合する持ち出し継の例が増える。また、造作材の接合部が巧妙になっていく傾向が見られる。

大仏様と禅宗様の接合法

前述した第一の画期と密接に関連するが、一二世紀末から一三世紀にかけて、大陸から導入された大仏様《だいぶつよう》と禅宗様の建築部材接合法の特徴を概観しておく。

まず、大仏様建築の部材接合法の特徴としては、①垂直材としての柱に、大径長大材が必要であること、②垂直材（柱）に、水平材を接合させるための仕口穴《しくちあな》が集中し過密になること、③この仕口穴は柱径と比較して細く（正角に近い）、数種類に規格化されているこ

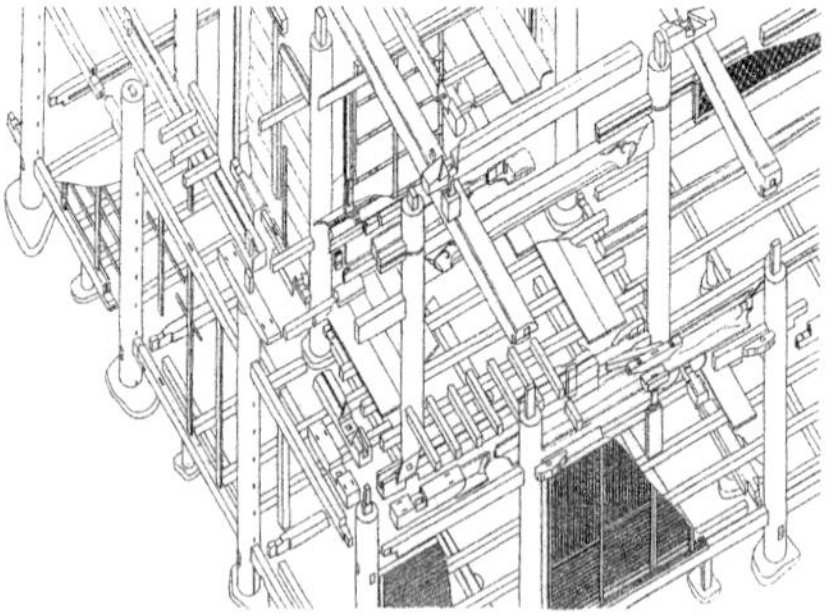

図23　古代・中世の建築部材接合法：第二の画期（1400年頃）（正蓮寺大日堂〈1478年，奈良県〉：前掲『技法集成』より）

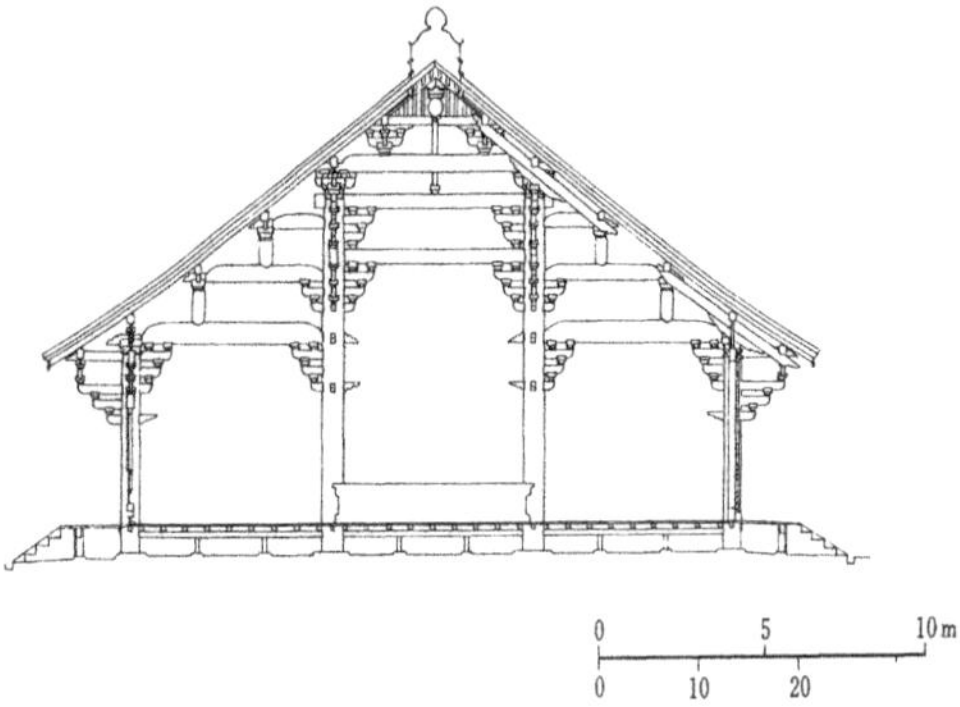

図24　貫を多用する建築構法：大仏様（浄土寺浄土堂〈1192年，兵庫県〉：日本建築学会編『日本建築史図集』彰国社1980より）

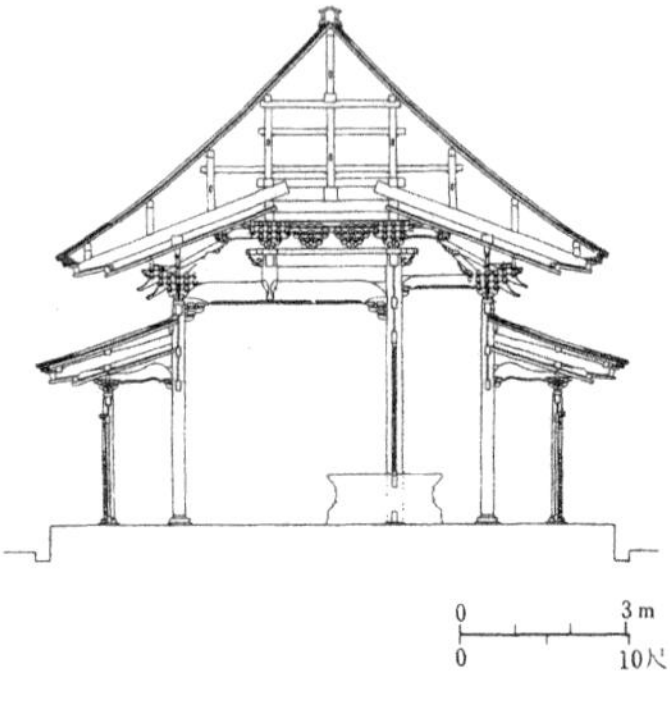

図25　貫を多用する建築構法：禅宗様（円覚寺舎利殿〈室町中期，神奈川県〉）

と、④構造材の接合部は簡便であるが、造作材の接合部は巧妙に加工されていること、などがあげられる（図24）。

また、禅宗様建築の部材接合法の特徴としては、①垂直材（柱）に幾通りもの水平材（貫）を通して主体構造部を固めていること、②貫は隅で相欠《あいか》きとし、先端を出す場合は小根枘としていること、③頭貫の上に台輪をのせ、太枘で接合しているため、平面的な捻《ねじ》れに対しても構造的に強固であること、④貫や台輪などの水平材を用いて主体構造部を固めているため、垂直材である柱は細くてもよく、他の部材も繊細なものが多いこと、などがあげられる（図25）。

建築工作技術と仏教の伝来

建築用の鋸とカンナの出現

六世紀後半以降、大陸から仏教建築とともに導入された高度な建築技術は、建築用材を工作する道具の編成にも変化をもたらしたと考えられる。特に、建築主体部の加工・切削が可能な大きさの鋸《のこぎり》とカンナ（鑓《やりがんな》）が、この時期から使われるようになったと推定される。

鋸は、機能部分である鋸身《のこみ》が、一定の強度を有して補強の必要がないもの（鋸身自立形式）と、補強が必要なもの（鋸身補強形式）とに大別できる。さらに後者の形式は、鋸身の背部分を鞘《さや》などで補強した形式（鋸背《のこせ》補強形式）と、鋸身全体を枠などで補強した形式（枠形式）に分類できる。これらを、鋸の基本三形式と称しておく。

わが国では、弥生時代の鋸の出土例は、まだ確認されていない。四世紀から五世紀の出土鋸は、幅二〇～五〇ミリメートル、長さ一二〇～一八〇ミリメートル、二三〇～三一〇ミリメートルくらいの長方形の鋸身のものが多く、短い茎《なかご》を有するもの、鋸背部分に木質が残っているもの、端部に穴があけられているもの、などが見られる。これらより、わが国では鋸出現の初期段階に、小型ながら基本三形式の鋸が揃っていた可能性が考えられる。しかし、六世紀以降、ほとんどの鋸が鋸身自立形式で茎式の接合法に統一されていく。

カンナには、鐁（近世にヤリカンナと呼称）と鉋（近世にツキカンナと呼称）の二種類がある。

弥生・古墳時代において、鐁の出土例が見られる。弥生時代の鐁は、穂部分の長さが三〇ミリメートル以下、茎を含めた全長が二〇〇ミリメートル以下のものが多い。古墳時代には、全長五〇〇～六〇〇ミリメートルのものも出現するが、穂部分の長さは三〇ミリメートル以下のものが多い。柱などの建築主体構造の部材を切削するためには、穂部分の長さが一〇〇ミリメートル以上、茎部分の長さがその二倍から三倍は必要と考えられるが、弥生・古墳時代の鐁の中に、そうした条件を満たすものは見出せない。

以上より、わが国における古墳時代の鋸、弥生・古墳時代のカンナ（鐁）は、いずれも小型で、建築主体部の加工に用いられることはほとんどなかったと推定される。

古代・中世の斧

樹木や原木の切断に主として用いる鉄製縦斧《たておの》（A類斧と仮称。以下同様に仮称）、原木の荒切削（大斫《おおはつ》り）に主として用いる鉄製縦斧（B類斧）、そして部材の荒切削（斫り）に主として用いる鉄製横斧《よこおの》（C類斧）、といった鉄斧の基本的な機能分化は、古墳時代までさかのぼり、古代・中世においても、それぞれの用途に応じて使い分けされていたと考えられる。

古代以降には、文献資料によって斧の種類と名称が確認できる。また、建築部材に残る刃痕から、同一機能の斧でも、大きさによって何種類かに分かれていたことを知ることができる。

古代においては、A類斧を「オノ・ヨキ」、B類斧を「タツキ」、そしてC類斧を「テヲノ」と呼称していた。また部材刃痕より、B類斧には刃幅約三〇〇ミリメートルのものが、C類斧には刃幅約四四〜約九七ミリメートルまで、少なくとも五種類が、それぞれ使われていた例が見られる。

中世以前における斧の形状・構造を機能分類別に概観しておく。

まずA類斧は、弥生時代から一四世紀ころまで無肩袋式を基本とし、弥生・古墳時代に無肩茎式が、古墳時代に少数例の無肩孔式が、それぞれ見られる。一三世紀から一四世紀にかけての出土遺物に無肩孔式のものがあり、同時期の絵画資料にも描かれていることから、鎌倉時代あたりに無肩袋式と無肩孔式が併用され、一五世紀ころから無肩孔式に統一されていったと考えられる。すなわち、古代のA類斧は無肩袋式を基本とし、中世前半の無肩袋式と無肩孔式との併用期を経て、中世後半以降、後者に統一されていったと推定される（図26）。

a　　　　　　　b

図26　古代・中世の縦斧
a　袋式縦斧（『扇面法華経冊子』〈12世紀中頃〉を模写）
b　孔式縦斧（『粉河寺縁起絵巻』〈12世紀後半〉を模写）

次にB類斧は、古墳時代に有肩袋式の出土遺物があるが、古代・中世における形状・構造は不明である。ただ、古代前半の建築部材に刃幅約三〇〇ミリ《ミリ》の刃痕が残されていることから、これだけの刃部を有する袋式あるいは孔式のB類斧が存在していたと考えられる。

そしてC類斧は、弥生時代から中世末まで無肩袋式を基本とし、古墳時代に有肩袋式が一部見られる。袋部の製作技術は、完全鍛着《たんちゃく》（袋部密閉）の鉄斧が古墳時代に少数例あり、

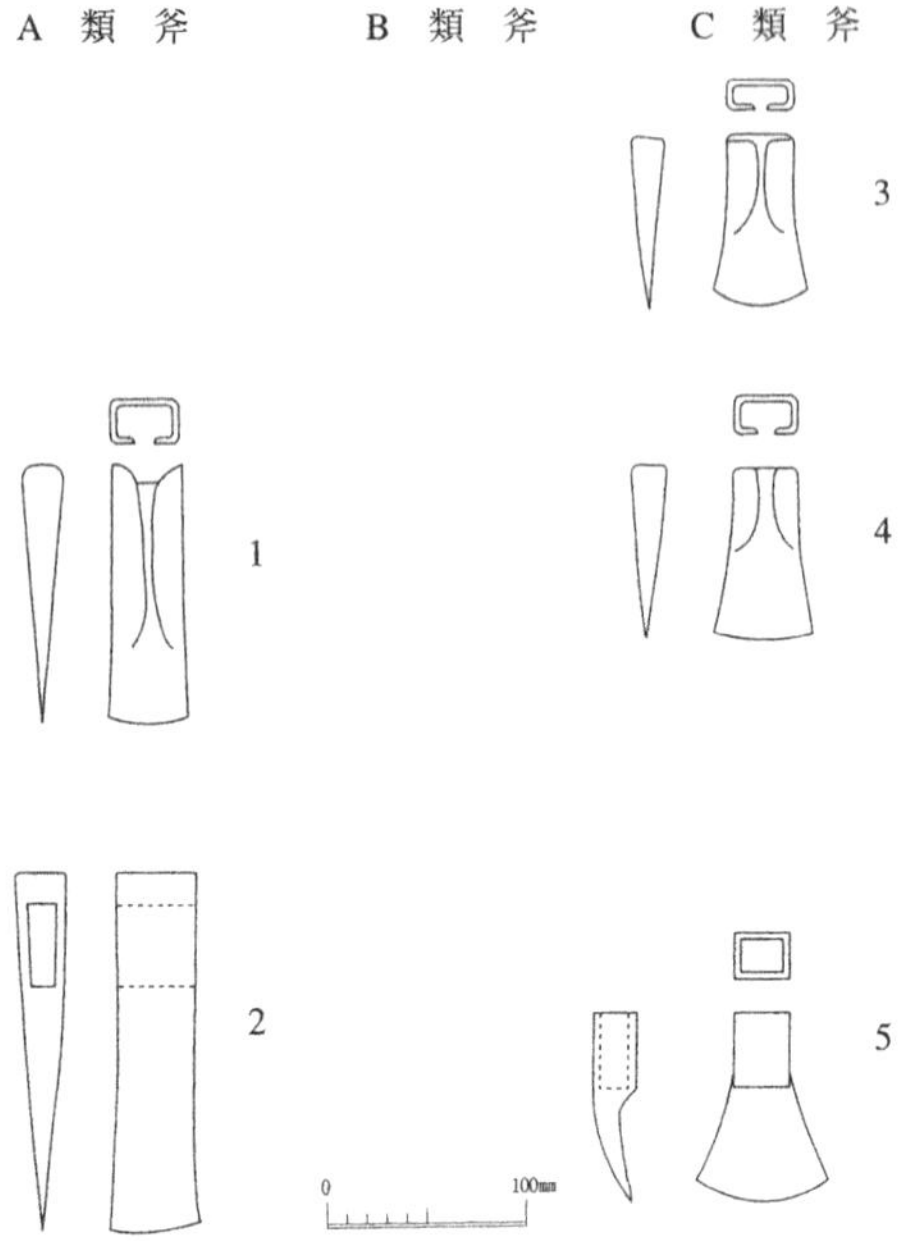

図27　古代・中世における斧（推定復元図）

1 鳶尾遺跡（11世紀，神奈川県）2 金光寺（推定）遺跡（14世紀，福岡県）3 平城宮跡（8世紀，奈良県）4 五反島遺跡（9世紀，大阪府）5 草戸千軒町遺跡（14世紀，広島県）

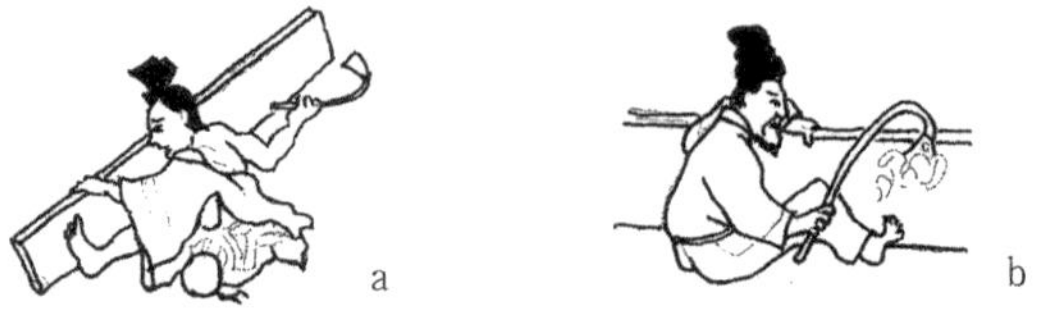

図28　古代・中世における斧の使用法

a　坐位で片手使用（『当麻曼荼羅縁起』〈13世紀中頃〉を模写）

b　坐位で片手使用（『大山寺縁起絵巻』〈1398年〉を模写）

再びそれが確認できるのは中世の出土遺物である。すなわち、五世紀ころから一四世紀ころまでの一〇〇〇年近くの間、鉄斧の出土資料では、袋部が密閉されていない（不完全鍛着）例しか確認できていない。これらの例から、古代・中世におけるC類斧は、無肩袋式が基本で、中世において袋部製作技術が完全鍛着を可能とする水準へ向上したと考えられる（図27）。

中世以前における斧の使用法は、大型の斧が立位で両手使い、小型の斧が坐位で両手あるいは片手使いであったと考えられる（図28）。

古代・中世の鋸の特徴

八世紀中ごろから一六世紀前半にかけての古代・中世の文献資料を通観すると、鋸《のこぎり》の名称は、基本的に「鋸」字を用い、一〇世紀前半まで「ノホキリ」、一二世紀後半以降「ノホキリ」「ノコキリ」、一五世紀中ごろ以降「ノコギリ」と呼称していたと考えられる。

現存する一三世紀中ごろから一六世紀前半までの絵画資料に描かれた建築工事場面を見ると、構造材を横挽《よこび》きしている場面が多く、一六世紀前半の絵画資料に部材繊維を斜めに挽こうとしている場面が描かれている。これらの絵画資料より、中世の建築部材加工用の鋸は、横挽き用のものがほとんどで、古代も同様であったと推定される。

中世以前における鋸の形状・構造は、四世紀と五世紀の多様な装着法の時代を経て、六世紀以降、茎《なかご》式が基本になったと考えられる。鋸歯《きょし》（歯道）部分の形状は、七世紀ころまで歯道直線形状、八世紀から一〇世紀ころまで歯道内湾形状、それ以降歯道外湾形状に変化する。

鋸身の長さと柄の長さとの比率は、一四世紀ころまで約三対一、一五世紀ころから約三対二と変化し、時代が降るにつれて、茎部分（柄部分）が相対的に長くなる傾向が見られる。また、一五世紀ころの実物資料（出土遺物）は、鋸身幅が広く、鋸身元部分にアゴが形成されている。これと同じ形状が、同時期の絵画資料にも描かれている。

すなわち、古代・中世における鋸の基本構造は茎式で、その形状は、鋸身歯道部分が古代において直線↓内湾↓外湾と変化し、時代が降るにつれて鋸身幅が広く、茎が長く変化する傾向が見られる（図29）。

古代・中世における鋸の使用法は、基本的に坐位の作業姿勢で、大型部材に対しての立位作業もわずかながら絵画資料に描かれている（図30）。

使用動作については、中世の絵画資料の多くに、鋸の柄をおさえつけるようにして使っている様子が描かれ、一三世紀ころまでの実物資料の鋸歯も二等辺三角形のものが多いこ

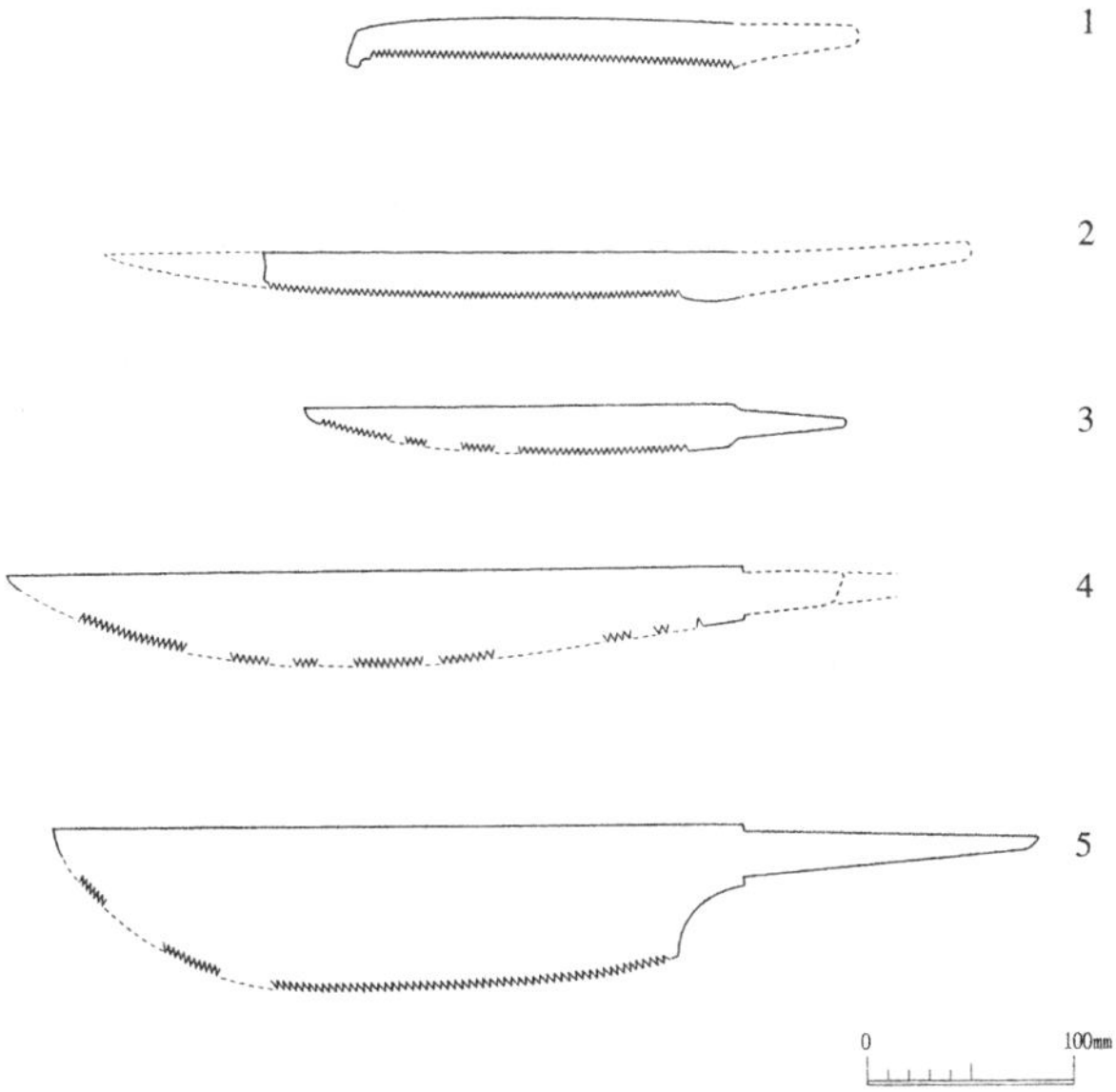

図29　古代・中世における鋸（推定復元図）

1 長勝寺遺跡（8 世紀，千葉県）　2 一木之上遺跡（11～12世紀，大分県）　3 白石洞窟遺跡（9～13世紀，広島県）　4 草戸千軒町遺跡（13世紀，広島県）　5 上野下郡遺跡（15世紀，三重県）

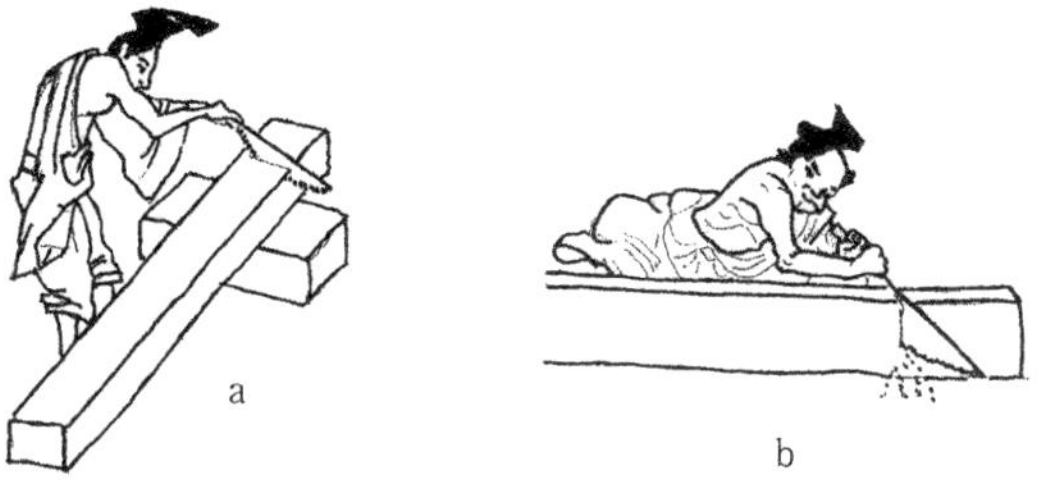

図30　古代・中世における鋸の使用法

a　立位で両手使用（『当麻寺曼荼羅縁起』〈13世紀中頃〉を模写）

b　坐位で両手使用（『大山寺縁起絵巻』〈1398年〉を模写）

とから、推《お》しても引いても機能する性能の低い鋸であったと推定される。引き使いの鋸歯が確認できるのは、一五世紀ころの実物資料である。

古代・中世の鑿の特徴

古代・中世いずれの文献資料でも、「鑿《のみ》」と表記・呼称されている。古代の建築部材には、刃幅約四五〜一八ミリメートルまで、少なくとも一〇種類の鑿が使い分けされていた。

一三世紀中ごろから一六世紀前半までの絵画資料に描かれた建築工事場面を見ると、一四世紀ころまでの絵画では、鑿を打割製材に使用している場面が多く、一六世紀の絵画では、鑿をなんらかの仕口《しくち》加工に使っている場面が多く描かれる傾向にある。

古代・中世における鑿の形状・構造は、袋式と茎式が併存している。刃部縦断面は、両刃もしくは片刃に近い両刃が併存している。一三世紀ころの実物資料（伝世《でんせい》）は、袋式で両刃であるが、一四から一五世紀ころの実物資料（出土）の中には、茎式で片刃に近い両刃のものが見られる。その後、一六世紀以降の実物資料の中に、袋式の鑿は確認できていない（図31）。

古代・中世における鑿の使用法は、基本的に坐位で、あぐら姿勢や両足開き腰かけ姿勢が多く見られる。また、鑿叩き用の槌《つち》は、絵画資料を見る限り、木製だけである（図32）。

a

b

図32　古代・中世における鑿の使用法

a　坐位で木製槌使用（『大山寺縁起絵巻』〈1398年〉を模写）

b　坐位で木製槌使用（『真如堂縁起絵巻』〈1524年〉を模写）

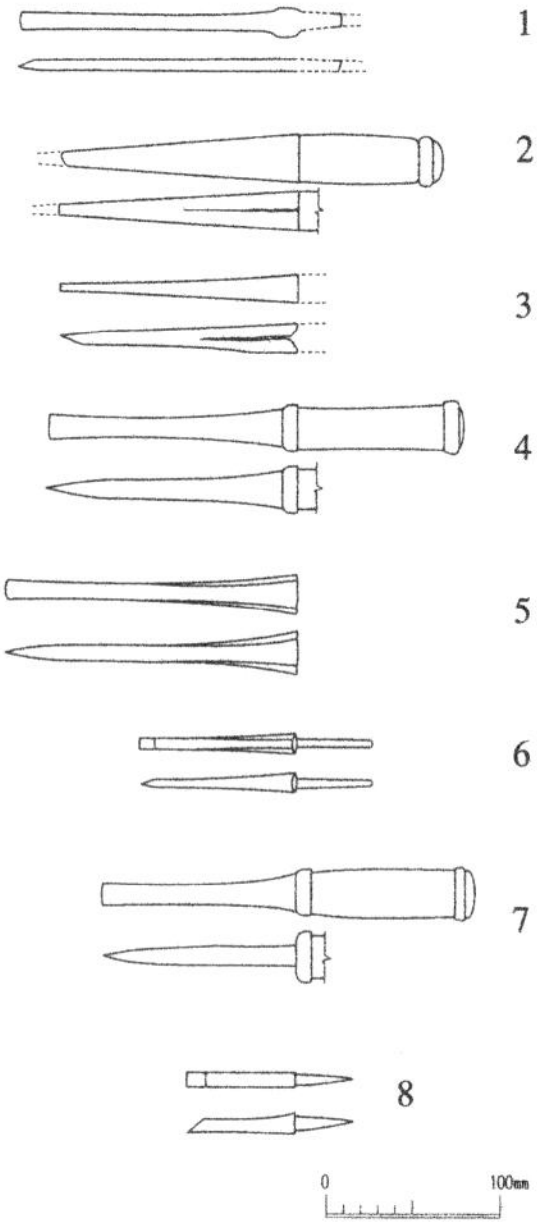

図31　古代・中世における鑿（推定復元図）

1尾上出戸遺跡（8世紀，千葉県）2柳之御所跡（12世紀，岩手県）3一木之上遺跡（11〜12世紀，大分県）4光明寺二王門（13世紀，京都府）5，6草戸千軒町遺跡（14〜15世紀，広島県）7立石遺跡（16世紀，東京都）8八王子城跡（16世紀，東京都）

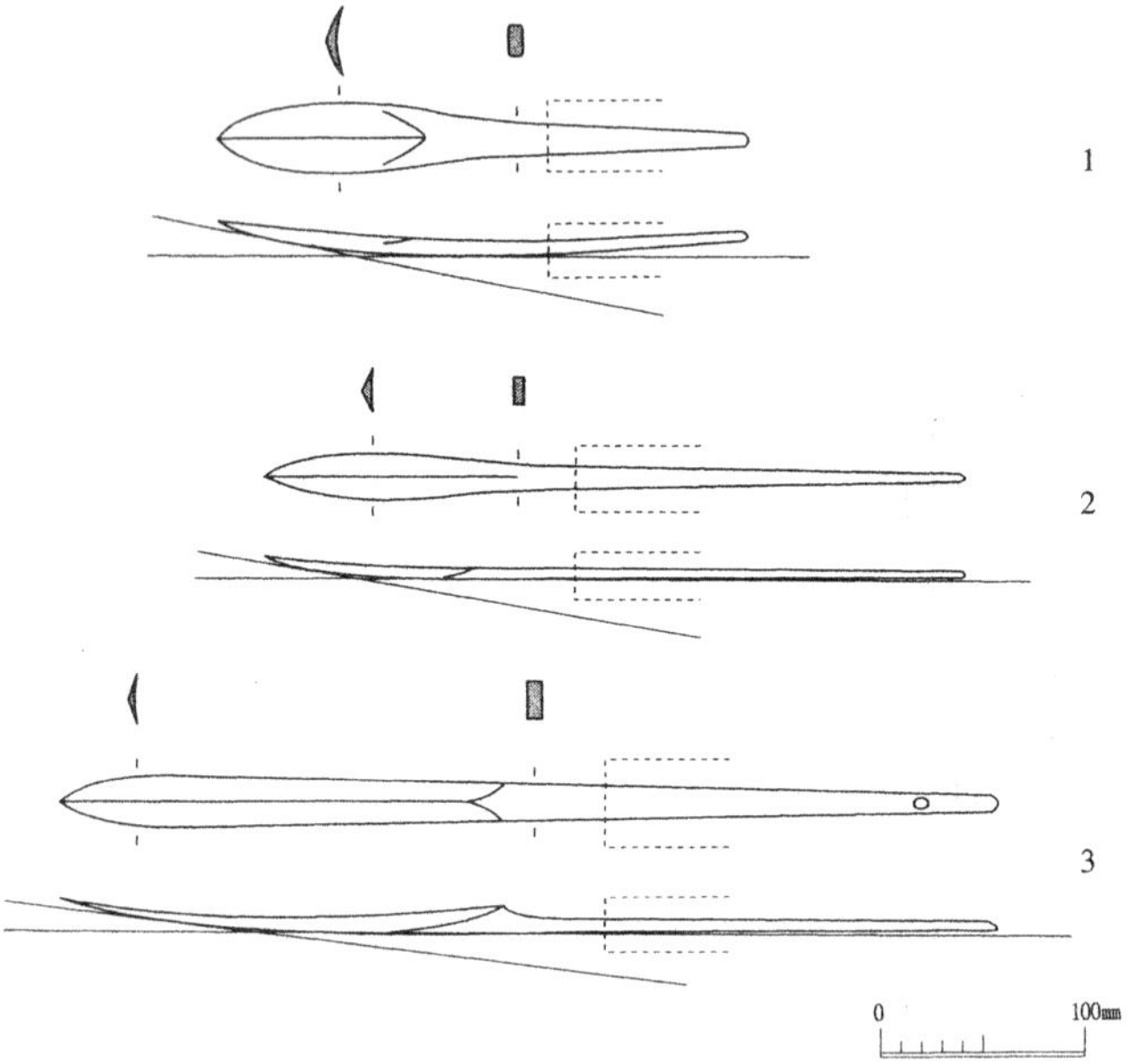

図33　古代・中世におけるカンナ（鐁）（推定復元図）
1尾崎遺跡（8～10世紀，岐阜県）2一木之上遺跡（11～12世紀，大分県）3興福寺北円堂（13世紀，奈良県）

古代・中世のカンナの特徴

前述したように、わが国では、歴史上、形状・構造が異なる二種類のカンナが使われていた。一つは双刃系の刃部を有する穂部分を茎で木柄に装着した鐁、いま一つは鑿の穂先を広くした刃部を台に彫った溝に装着した鉋である。

古代・中世の文献では、「鉇」「鐁《かな》」「鐁《かな》」「鉇《かんな》」と表記は多様であるが、

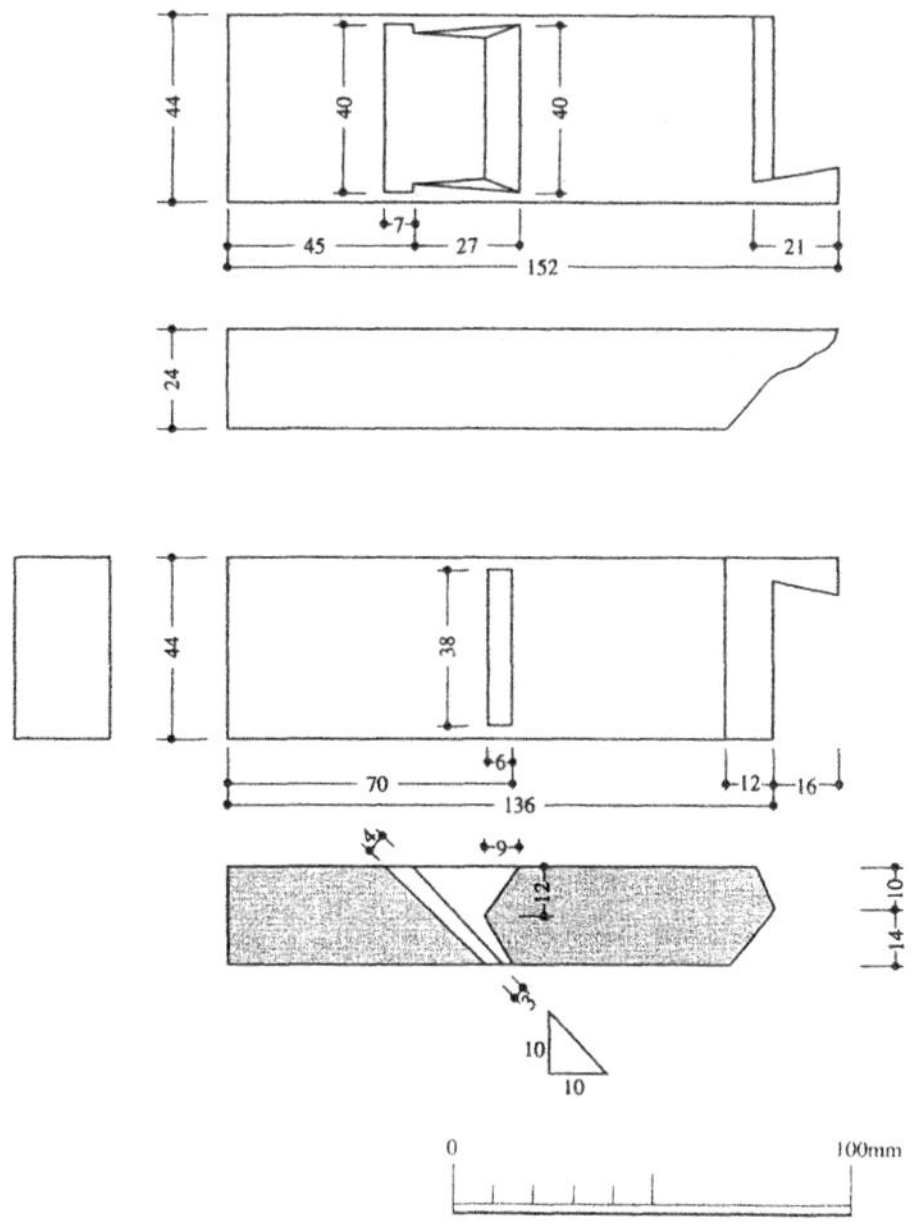

図34　中世末の可能性を残すカンナ（鉋）（実測図：大坂城跡〈16世紀後半，大阪府〉）

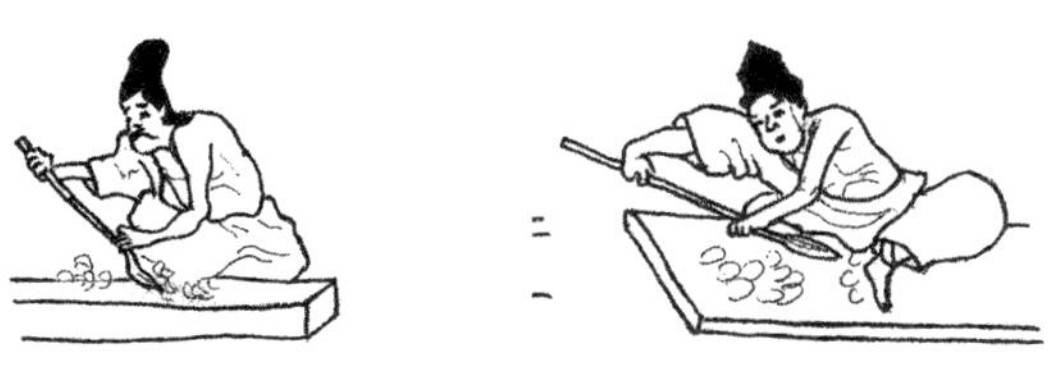

a　　　　　　　　　b

図35　古代・中世におけるカンナの使用法

a　坐位で両手使用（『松崎天神縁起絵巻』〈1311年〉を模写）

b　坐位で両手使用（『大山寺縁起絵巻』〈1398年〉を模写）

呼称はカナあるいはカンナであった。

古代・中世におけるカンナの形状・構造は、鐁の場合、茎式を基本としている（図33）。中世末に使用された可能性を残す出土鉋は、鉋身を押溝に嵌《は》め込むという、近世以降に見られるものと同じ装着方式である（図34）。

古代・中世におけるカンナの使用法は、鐁が坐位で引き使いを基本とし、部分的に推し使いも見られる（図35）。中世末の可能性を残す鉋には、把手《とって》を取り付けた痕跡は見られず、やはり引き使いであったと推定される。

東アジアの先端技術とわが国の工人たち

六世紀後半、大陸からわが国に仏教建築の様式と技術が伝来した。この仏教建築は、主体部は木を材料としているが、基礎には石を、屋根には瓦を、そして建築部材の接合や装飾には鉄や銅を、それぞれ使用していた。仏教建築をつくりあげるためには、当時の東アジアにおける先端技術が必要で、その指導は渡来工人たちが行なった。記録によれば、敏達《びだつ》朝（五七七年）に造仏工（一人）と造寺工（一人）が、崇峻《すしゅん》朝（五八八年）に寺工（二人）、鑪盤《ろばん》工（一人）、瓦工（一人）、画工（一人）が、それぞれ百済王より貢納された。

当時の日本では、縄文時代からの長い伝統を有する木の建築をつくる技術、古墳造営などの石の技術、須恵器製作などの土を焼く技術、そして鉄器をはじめとした金属器加工技術など、それぞれの専門工人たちが、高い技術を身につけて生産にあたっていた。

五八八年の蘇我氏による法興寺着工から六二四年までの間に、畿内で数十ヵ寺の仏教建築が造営されたと伝えられている。東アジアの先端技術を用いて、短期間にこれだけ多くの建築生産が可能であったのは、渡来工人たちの技術指導に対し、わが国の専門工人たちがそれに応え得る高い水準の技術を有していたことが最大の要因と考えられる（田辺・渡辺　一九六八、永井　一九八二）。

律令体制と工人たち

八世紀以降、律令体制下において、中央集権的な建築生産組織が確立された。全国的な規模で国家的事業として建築生産がなされる場合、統括工人層と中間工人層の指導下で、建築部材加工など個々の作業にも専門工人（平工人層）があてられたと推定される。さらに、運搬や組立などの単純な肉体労働を、徴用を含む一般の人々（単純労働層）が担う、という四元的な関係で工事が進められたと考えられる。

古代の建築専門工人は、「木工《こだくみ》」と呼称され、統括工人層として「大工《おおいたくみ》」「少工《すくなたくみ》」、中間工人層として「長上工《ちょうじょうこう》」、そして平工人層として「番上工《ばんじょうこう》」が、それぞれあてられたと推定される。

「番匠」から「大工」へ

一二世紀末以降、中世になると中央集権的な建築生産体制がくずれ、有力な公家や寺社などの荘園領主に、それぞれの専門工人集団（血縁にもとづく集団）が所属するという、分権的建築生産体制に移行した。

建築生産組織は建築工事ごとに編成され、大規模建築工事の場合、統括工人層として「大工《だいく》」「引頭《いんどう》」、中間工人層として「長（ちょう・おとな）」、そして平工人層として「連（れん・つれ）」が、それぞれあてられた。

中世の建築専門工人は「番匠《ばんじょう》」と呼称されたが、一六世紀後半以降、武家勢力によって再び中央集権的な建築生産体制がつくられると、その呼称は「大工《だいく》」へと変化していった。

杣人の起源

山中で伐木に従事する工人は、八世紀に編まれた『万葉集』に、「真木《まき》柱つくる杣人《そまびと》いささめに仮廬《かりほ》のためと造りけめやも」（巻七・一三五五）と詠まれている。

この『万葉集』に、すでに「杣人」の記述があることから、伐木専門工人としての「杣人」は、さらにそれ以前にさかのぼると推定される。

たとえば、古墳時代の五世紀ころには、縦斧として使用されたと考えられる大型の鉄斧が出土している。これだけ大型の縦斧を、伐木用として使いこなすためには、相当の熟練が必要で、この時代には伐木専門工人が存在していた可能性が考えられる。

古代・中世の製材専門工人

一五世紀中ごろの建築工事を記録した文献資料に、「大牙引《おおが》」（『春日社造替社』）、「大鋸引《おおが》」（『高野山文書』）などの工人名が見られるようになる。一五世紀後半になると、「大加《おおか》」（『大乗院寺社雑事記』）、「大が引」（『東寺算用状』）、「おが引」（『建内文書』）など、さらに多くの例が記録されている。

一方で、一四世紀中ごろの文献資料に「木引」（『伊勢神宮末社鏡宮田地検注状』）の記録が出現し、一五世紀以降、「木引」（『長福寺造営』）、「小引」（『大乗院門跡』）、「木びき」（『賀茂神社』）、「木ひき」（『祇園社』）などの工人名が多く見られるようになる（大河　一九七一）。

これらの記録により、一五世紀ころから、製材専門の工人として「オガヒキ」と「コヒキ」が出現し、前者は比較的大きな角材や幅広の板材などを二人一組で製材し、後者は小型の角材や幅の狭い板材（クレ）などを一人で製材していたと推定される。

この工人たちは、「オガヒキ」が二人使いの縦挽《たてびき》製材鋸（オガ）を、「コヒキ」が一人使いの縦挽製材鋸（中世の名称不明）を、それぞれ使用していたと考えられるが、後者の形状については、中世の絵画資料に見出すことができず、実物資料も未発見である。

伐木・製材専門工人の分化過程

伐木《ばつぼく》・製材を行なう専門工人の出現時期に関しては、いくつかの節目が考えられる。

まず、主として伐木に従事するソマヒトは、古代の文献で確認できるが、それ以前の古墳時代あたりに、建築専門工人であるコタクミとの分化がはじまっていたと推定される。

次に、製材に従事する専門工人については、一四世紀から一五世紀ごろに、二人使いの製材鋸を用いるオガヒキと一人使いの製材鋸を用いるコヒキとが出現したと考えられる。それ以前の製材は、打割法によって行なわれており、大割を主としてソマヒトが、小割を主としてコタクミが、それぞれ担っていたと推定される。この仮定をもとに考えると、大割専門工人のオガヒキはソマヒトから、小割専門工人のコヒキはコタクミから、それぞれ専門分化した可能性が高いといえる。

大割製材を、一人使いの製材鋸（マエヒキ）を用いて行なう専門工人（コヒキ）は、一六世紀後半ごろに、オガヒキから分化したと推定される。

文献にみる建築技術

『万葉集』にみる伐木技術

八世紀に編まれた『万葉集』には、斧《おの》に関連する内容が詠まれた歌が七首ある。これらの歌には、名称として「手斧」「新羅斧《しらぎおの》」「斧」が、用途として「薪伐り」「真木柱つくる」「船木伐り」「樹に伐り」「船木伐る」が、使用法として「打つ」が、職種（工人）として「杣人」「飛驒人」が、それぞれ記されている（表9）。

形状・構造を直接表現した記述はないが、名称、用途などから推定が可能である。

まず、aの「薪伐り」用の「手斧」は、片手で使う小型の縦斧と推定される。後世に、横斧を「手斧」と表記して「チョウナ」と呼称する例が見られるが、それとは異なった形

表9　『万葉集』にみる伐木技術

分析要素／万葉集	名　称	用　途	形状・構造	使用法	職種(工人)	その他
a	手斧	薪伐り				杉(原)
b	新羅斧					
c	斧(音)			打つ		
d		真木柱つくる			杣人	仮廬
e		船木伐り 樹に伐り				船材
f		船木伐る				
g					飛驒人	真木流す

状の斧と考えられる。

次に、bの「新羅斧」は、「新羅製の高価な斧」と解されている。『万葉集』が編まれた八世紀から、約三〇〇年さかのぼった五世紀ころ、伐木用の縦斧の形状・構造には、茎《なかご》式・袋式・孔式の三種類が併存していた（前述）。縄文時代からの石斧の流れを継承した茎式の鉄製縦斧は、古墳時代で消滅したと考えられている。弥生時代から出現した袋式の鉄製縦斧は、中世前半ごろまで使われ、その後は孔式の鉄製縦斧が主流となっていったと推定される。鉄斧の製作技術としては、茎式・袋式・孔式の順に高い技術が必要である。古墳時代の孔式鉄製縦斧は、古墳に副葬された遺物がわずかに確認されているだけで、このことからも大陸（朝鮮半島）からの貴重な船載品と考えられている。bの歌に記された「新羅斧」は、この孔式鉄斧を呼称したものと考えられる。

そしてcの「斧」は、それを「打つ」音が遠くまで聞こえることから、斧柄を両手で握り、力を込めて使用する伐木用の大型縦斧と推定される。

このように、『万葉集』に詠まれた七首の歌から、杣人や飛騨人が、ヒノキ・スギ（真木）などを斧によって伐り、建築や船などの用材とするため、筏《いかだ》に組んで運んだ（真木流す）、という、八世紀ころまでの伐木・運材にかかわる工人たちの生き生きとした営みを知ることができる。

古代・中世の伐木用道具

古代・中世における建築工事記録や辞書などの文献資料に記された伐木用道具と考えられるものとしては、八世紀中ごろの建築工事記録（『正倉院文書』・①）に「鉄工」が製作した「斧」が、九世紀初めの建築造営にともなう儀式の記録（『延暦儀式帳』・②）に「大鑇」が、九世紀末から一〇世紀初めの分類体辞書（『新撰字鏡』・③）に「木工」道具として「斧」が、一〇世紀前半の建築造営にともなう儀式の記録（『延喜式』・④）に「鑇・ヲフノ・ヲノヨキ」が、一〇世紀前半の分類体辞書（『倭名類聚抄《わみょうるいじゅうしょう》』・⑤）に「工匠具」として「斧・ヲノ・ヨキ」が、一五世紀中ごろの分類体辞書（『下学集《かがくしゅう》』・⑥）に「斧・ヲノ」が、それぞれ記されている。

a　　　b

図36　古代・中世の伐木用道具
a　袋式縦斧（『石山寺縁起絵巻』〈1324～26年〉を模写）
b　孔式縦斧（『弘法大師行状絵詞』〈1374～89年〉を模写）

一二世紀中ごろから一六世紀中ごろまでの山仕事などを描いた絵画資料には、両手で把《つか》んだ縦斧によって立木を伐採する場面や原木を切断する場面が描かれている。絵画資料に描かれた斧の形状・構造に関しては、一二世紀中ごろと一四世紀前半の絵画に、小型と大型の袋式縦斧が、それぞれ描かれている。孔式縦斧は、一二世紀後半以降の絵画に描かれ、一四世紀中ごろ以降は袋式縦斧が消え、孔式縦斧だけが描かれるようになる（図36）。

伐木用の縦斧と推定される実物資料は、「金光寺（推定）遺跡」（一四世紀、福岡県）や「神並・西ノ辻・鬼虎川遺跡」（一四世紀、大阪府）などから出土し、比較的保存状態の良い前者の鉄斧は、刃幅約四六ミリメートル、斧身長さ約一八三ミリメートルを測る。

これらの資料より、古代・中世の伐木用道具としては、弥生時代以来の形式である袋式縦斧が一四世紀ころまで使われ、それ以降、孔式縦斧に統一されていったと考えられる。孔式縦斧は、古墳時代以降、歴史の表舞台から姿を消し、一二世紀ころの絵画で確認できるようになる。袋式から孔式への移行は、鍛冶技術の向上によって可能となったが、その背景には伐木の作業効率を高めようとする動きがあったと推定される。

古代・中世の製材技術

一九世紀中ごろの文献資料（『木曾式伐木運材図会』）であるが、鉄斧による製材技術に関する記述がある。古代・中世においても、同様の製材技術であったと推定される内容である。

「倒れたる木」すなわち伐木後の原木に対して、まず「枝打折り、梢を伐り捨て、皮を剝」ぐ。

原木は、所定の長さに切断（玉切り）して、「元末ヲ放シタル丸太」すなわち「玉木」をつくる。伐木時の半円錐形の伐り口を「頭巾《ずきん》」というが、「玉木」の元口と末口にも「頭巾」をつけて、運材の際の突き割れを防止する。

これを「角物」にする場合は、「四方墨にてはつる」。「墨ヲ打」つことを「綱打」という。「綱打」の前に、「山刀ニテ玉木ノ両方ヲイサ、カ削リ鬼皮ヲ去ル」。「其《その》木何寸角ニ成《なる》ト見積リ、綱打」を行なう。

古代・中世においては、荒取りした「玉木」や「角物」を、さらに分割するために、斧・鑿と楔《くさび》を用いた打割製材が行なわれていた。

建築部材刃痕にもとづく打割製材実験

「吉川八幡宮本殿」（一四世紀末、岡山県）の解体修理中に、打割製材を途中で中止したと推定される部材が発見された。

打割製材痕を残す部材は、本殿内陣祭壇の根太《ねだ》として使用されていたマツ材で、長さ約二・五メートル、断面は約一六四×一一四ミリメートル。このマツ材は木《もく》理《め》が通直でないため、それを断ち切るように打割製材の鑿が真墨《しんずみ》に沿って打ち込まれていた。途中で予定外の方向に割れが走ったため、製材を中止し、野物材《のものざい》として床下に使用したと推定される。

鑿の幅は約二四ミリメートル（八分）と約二一ミリメートル（七分）。

保存修理工事の設計監理を行なった文化財建造物保存技術協会によって、部材刃痕にもとづく打割製材実験が実施された（一九九八年）。

「光明寺二王門」（一二四八年、京都府）から発見された一三世紀ころと推定される鑿（袋式で刃部両刃）を参考に、実験に使う鑿が製作された。

長さ・断面ともに発見部材と同じ寸法の、木理に癖のあるマツ材が準備された。

幅広の面を上に向け、真墨を打った後、二人の作業者が、割れの進み具合を見ながら、木の繊維を断ち切るように鑿を打ち込んでいった。全長にわたっての打ち込み（厚さの半分位まで）が終ると、角材の上下を回転させ、同じ作業を行なった。

木口と上面から楔（今回は鉄製を使用）を打ち込み、割れの進行状況を見ながら、割れ目の中でつながったままの木材繊維を鑿で切断していった。

二分割後の割裂面を、横斧（チョウナ）によって切削調整し、打割実験は終了した。

この打割実験によって、木の繊維が複雑なマツ材であっても、比較的短時間（約三〇分）で割裂できること、割裂作業には刃部断面が両刃の鑿が適していること、などが明らかとなった。

古代・中世の製材用道具

古代・中世における建築工事記録や辞書などの文献資料に記された製材用の斧と考えられるものとしては、九世紀初めの文献（前掲・②）に「立削」「立削鉼」が、一〇世紀前半の文献（前掲・④）に「鉼・タツキ」が、同じく一〇世紀前半の文献（前掲・⑤）に「工匠具」として「鐇・タツキ」が、一五世紀中ごろの文献（前掲・⑥）に「鐇・タツキ」が、それぞれ記されている。

a

b

図37　古代・中世の製材用道具：鑿による打割製材
a　角材の割裂（『当麻曼荼羅縁起』〈13世紀中頃〉を模写）
b　盤状厚材の割裂（『松崎天神縁起絵巻』〈1311年〉を模写）

古代・中世の絵画資料や実物資料では、斧身に肩や顎が形成された刃幅の広い縦斧を、現在のところ確認することができない。

一四世紀前半の絵画資料に、山中での伐木と原木切断とが孔式縦斧によってなされている場面で、幅広の盤状厚材を運材している様子も描かれている。伐木・製材の工程としては、原木から盤状厚材をつくり出す過程（打割製材）が欠落していることになる。

建築工事現場へ運び込まれた盤状の厚材や角材は、鑿と楔を用いてさらに割裂させることになる。その工程は絵画に少なからず描かれているが（図37）、作業小屋にたてかけたり、地面上に横積みして乾燥させている幅広の板材を、製材している場面はどこにも見出すことができない。

このように古代・中世における、原木から盤状の厚材や角材を製材する方法、その厚材から幅広の板材を製材する方法は、絵画資料の中で確認することができない。

製材用鋸の登場

中世の文献資料には、製材用道具として、鋸に関する記述が見られるようになる。たとえば、一五世紀中ごろの文献（前掲・⑥）に記された「大鋸・ヲガ」は、古い例のひとつである。

中世の建築工事場面において、製材用の鋸を使用している様子を描写した絵画資料としては、一六世紀中ごろの例がある。また、建築工事ではないが、地獄を描いた一三世紀末の絵画資料の中に、二人使いの縦挽製材鋸の使用場面が見られる（図38）。

古代・中世の縦挽製材鋸の実物資料としては、一五世紀と推定されるもの一点、一六世紀中ごろと推定されるもの一点、一六世紀後半ごろと推定されるもの三点が伝世されている（図39）。

そして古代・中世の建築部材に残る縦挽製材鋸の刃痕は、「清水寺本堂」（一四世紀末、島根県）の部材が最古のひとつで、一五世紀中ごろ以降の部材には比較的多く見られるようになる。

以上より、わが国における製材用の鋸は、一三世紀後半ごろから限られた地域や集団で

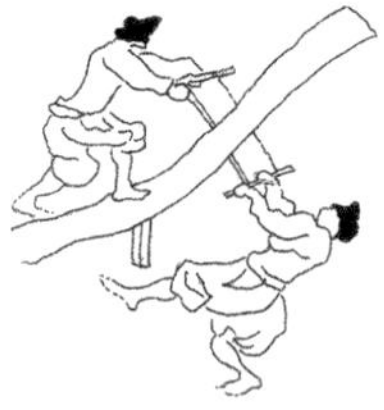

a

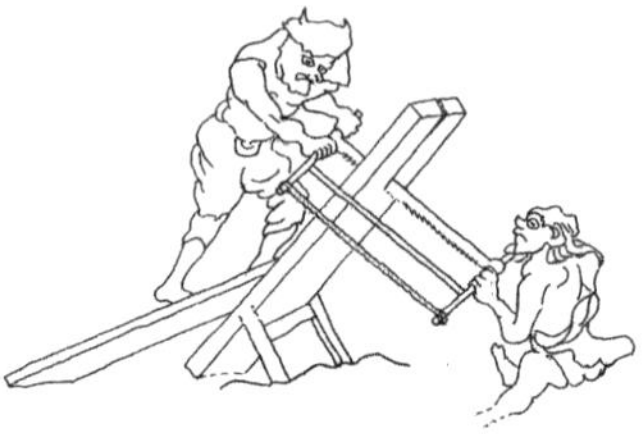

b

図38　古代・中世の製材用道具：
　　鋸による挽割製材

a　2人で立位使用（『聖福寺古図』〈1563年以前〉を模写）

b　1人立位・1人坐位使用（『極楽寺六道絵』〈13世紀末〜14世紀初め〉を模写）

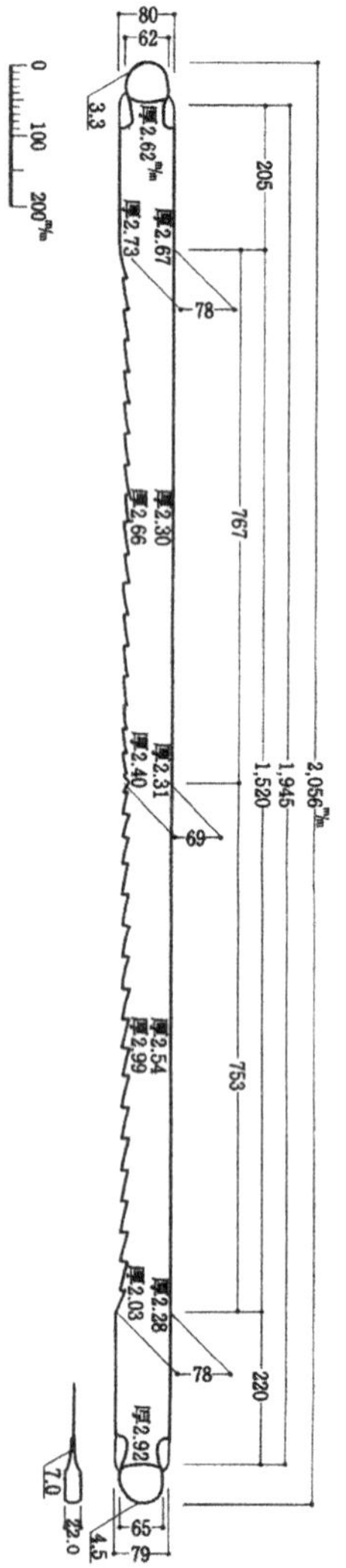

図39　古代・中世の縦挽製材鋸（オガ）
（実測図：石峯寺伝世〈15世紀，兵庫県〉）

使われはじめ、一五世紀以降、広く普及していったと推定される。

古代・中世の建築部材加工技術

古代・中世の建築部材に残された刃痕をもとに、部材加工の技術や精度について概観する。

建築部材表面を荒切削する横斧の刃痕を見ると、古代の部材に繊維平行切削刃痕が、中世の部材に繊維斜交切削刃痕が、それぞれ残されている。このちがいについては、立位・坐位の作業姿勢、部材の乾燥状態、横斧刃部の形状や硬さ、などいくつかの要因が考えられる。

古代の部材に残された鋸の挽痕は、挽道の幅が広く挽面も荒いことから、当時の横挽鋸の性能は低かったと考えられる。大きな部材で切代にゆとりのある場合は、縦斧によって切断したと推定される。

古代の部材に残された鑿の刃痕によって、その刃幅は十数種類に分化し、大が小を兼ねることができない道具として使い分けされていたことを知ることができる。ただ、古代の建築部材の接合面は、凹凸を残した状態のものが比較的多く見られる。

そして古代の部材に残されたカンナ（鐁《やりがんな》）の刃痕を見ると、カンナ（鐁）の刃の長さや曲率などにさまざまな種類があったことを知ることができる。もうひとつのカンナ

（鉋《つきがんな》）については、「金剛峯寺不動堂」（一四世紀初め、和歌山県）の部材に、平面切削用と溝切削用の原初的鉋が使われていた可能性を示す刃痕が見られる。

鋸とカンナによる技術革新

古代に入ると、木の建築をつくる道具として、弥生・古墳時代からの鉄斧・鉄鑿の編成に、鋸とカンナ（鉇）が加わった。このことから後の時代まで続く建築用主要道具の機能別基本編成（斧・鋸・鑿・カンナ）が、この時期に確立されたということができる。

ただ、古代における製材法は、縄文時代から数千年にわたって続く打割製材法であったため、製材段階での断面寸法の誤差が、そのまま部材接合部の誤差につながり、接合精度はそれほど高いものではなかった。

一二世紀末から一三世紀にかけての、規格化された繊細な部材や壁などに板材を多く用いる大仏様と禅宗様の導入にともなって、製材用の大型縦挽鋸（オガ）も伝来したと推定される。はじめは、限られた集団内で使われていた縦挽製材鋸は、一四世紀から一五世紀にかけて、各地の建築工事で使われるようになったと考えられる。

斧・鑿と楔による打割製材から鋸による挽割製材への転換は、製材精度の飛躍的向上をもたらし、部材接合部の精度や強度を高めることを可能にした。

一四世紀から一五世紀にかけて、建築用主要道具にも、こうした変化と密接に関連した改良が加えられていった。縦斧形式の鉄斧は、柄を装着する部分が袋式から孔式に、横斧形式の鉄斧は、袋部が不完全鍛着から完全鍛着に、部材加工用の鋸は、鋸身幅が広く、柄を装着する部分（茎《なかご》）が長くなり、使用法が引き使いに、鑿は茎式・袋式併存、両刃・片刃併存から、柄を装着する部分が茎式で刃部断面が片刃のものに、カンナは鐁とともに鉋の併用がはじまり、徐々に鉋の比重が高まる方向に、それぞれ変化していった。

以上より、古代・中世の建築用道具の基本編成は、斧・鋸・鑿・カンナであるが、中世中ごろ以降、その性能を向上させる方向に改良が加えられていったと考えられる。

大工たちの近世

近世の建築用材

近世に利用が目立つマツ

前掲した表1（一四ページ）において、近世は、主要建築用材八種の集計総数が二五八九点で、マツの利用が三割弱を占め（七四七点・二八・九%）、その次がスギ（六四一点・二四・八%）である。

主要建築用材の樹種別利用状況においても、近世における利用が目立つ樹種がマツ（総数一五二三点のうち七四七点・四九%）である。

マツは、クロマツ・アカマツなどの二葉松類と、ヒメコマツなどの五葉松類に大別される。クロマツ・アカマツは本州・四国・九州に分布し、ヒメコマツは北海道から本州中部にかけて分布している。いずれも、常緑高木である。

クロマツは、高さ三五メートル、径二メートルに及び、一般に曲りが多い。耐久性は中位であるが、水湿にはよく耐える。

アカマツは、高さ三五メートル、径一・五メートルに及び、木理《もくめ》はだいたい通直であるが肌目《きめ》は荒い。心材は、水中での保存性が高い。

ヒメコマツは、高さ二五メートル、径一メートルに及び、クロマツ・アカマツより通直なものが多い。耐久性は中位で、加工や割裂は容易である。

近世建築と部材樹種

近世における建築用材は、中世と同様、良質なヒノキを産出する地域の寺院建築と、全国各地の神社建築の主要部材に、ヒノキが多く使われている。しかし、全国各地の近世建築には、ヒノキ以外の用材も多く見ることができる（伊原　一九八八）。

第一に東北地方以北では、たとえば「清水寺観音堂」（一五八一年、青森県）の柱・梁《はり》などにケヤキが、隅木《すみぎ》にマツが、「慈恩寺本堂」（一六一八年、山形県）の全部材にマツが、「津軽為信霊屋《たまや》」（一六五〇年、青森県）の化粧材すべてにヒバが、野物《のもの》材すべてにマツが、「笠石家住宅」（一七七〇年、青森県）の柱などにクリが、桁《けた》・梁などにマツが、「後藤家住宅」（一七〇〇年、岩手県）の柱などにスギ・ケヤキ・クリが、貫《ぬき》・差物《さしもの》などにマツが、

「横山家住宅」（一六七八年、福島県）の全部材にマツが、それぞれ使われている。

第二に関東地方では、たとえば「天授院」（一六五一年、神奈川県）の柱などにヒノキが、貫などにスギ・マツが、大斗《だいと》などにケヤキが、「鹿島神宮本殿」（一六一九年、茨城県）の化粧材大半にヒノキが、梁にマツが、大斗にケヤキが、「茂木家住宅」（一六五〇年、群馬県）の部材大半にマツが、土間柱にケヤキ・クリが、柱にカシ・シオジが、それぞれ使われている。

第三に中部地方では、たとえば「蓮華峯寺弘法堂」（一六〇九年、新潟県）の柱にケヤキが、貫・台輪などにスギが、「麓山神社本殿」（一八二五年、静岡県）の部材大半にケヤキが、斗《ます》などにクスが、「堀口家住宅」（一七三〇年、福井県）の柱などにケヤキ・クリが、差物《さしもの》・梁などにマツが、「望月家住宅」（一七七〇年、愛知県）の大黒柱にクリが、柱にヒノキ・スギが、桁・梁などにマツが、それぞれ使われている。

第四に近畿地方では、たとえば「大徳寺経蔵」（一六三六年、京都府）の柱などにケヤキが、梁などにツガが、小屋束《こやづか》などにマツが、組物などにヒノキが、「根来寺大門《ねごろじ》」（一八四五年、和歌山県）の柱などにヒノキが、貫などにマツ・ツガが、組物などにクスが、板類にスギが、「高橋家住宅」（一六六〇年、大阪府）の柱・貫などにツガが、桁・梁などにマツが、それぞれ使われている。

そして第五に中国・四国・九州地方では、たとえば「丈六寺本堂」(一六四二年、徳島県)の柱にケヤキが、桁などにマツが、組物にクスが、「古熊神社拝殿」(一六六五年、山口県)の部材大半にマツが、斗などにケヤキ・クスが、「矢部家住宅」(一六五〇年、鳥取県)の大黒柱にケヤキが、柱にクリが、梁・桁などにマツが、それぞれ使われている。

成熟する建築技術

庶民住居の建築技術

わが国では、縄文時代以降、平地形式・竪穴形式・高床形式の建築がつくられてきた。このうち、竪穴形式の建築は、一般集落の住居として一一世紀ころまで使われ、それ以降、姿を消したと考えられる（前述）。庶民住居は、その後、ひとつの建物の中に平地形式（ドマ）と高床形式（ザシキ）の両方を取り入れるようになるが、基礎構造が掘立から礎石立に移行する時期が十分に解明されていなかった。

近世の信濃地方を記録した紀行文『秋山記行《あきやま》』（一八二九年）の中に、「秋山の惣《そう》村々、四、五十年以前は皆掘立家」で、「柱に貫穴《ぬきあな》」がなく、「又《また》ある木の先きに丸木の桁を渡し、貫は細木を縄にて結」ぶ、との記述がある（浅川・箱崎　二〇〇一）。

こうした記録から、一八世紀後半までの山村地方における庶民住居は、基礎構造が掘立で、上部構造が股木《またぎ》の柱と丸太の水平材を縄で結ぶという、数千年前の縄文時代以来の技術でつくられていたと考えられる。

近世の建築は、その構法も含め、社会の階層分化に応じて、多様であったと推定される。

近世建築の技術的特質

近世建築は、一七世紀末から一八世紀初めごろを境に、前半と後半で異なった様相が見られる。前半は経済的実権を武士が握っていた時代で、城郭、邸宅、霊廟《れいびょう》などが多くつくられ、後半は経済の実権が町人層に移ったことから、庶民信仰を基礎にした寺院や娯楽のための施設（劇場など）が盛んにつくられた。また、町民や農民の住宅（町家や民家）の水準も向上した。

これらの建築は、階級や階層のちがいによって外見上は規制の対象となったが、技術面では共通の特質が見られる（『文化財講座　日本の建築・1～5』一九七六、七七）。

第一に、竿縁天井《さおぶちてんじょう》をはじめとした天井が発達、普及し、小屋組が完全に見えなくなったことから、梁などに丸太のままの野物《のもの》材を使うようになり、化粧材と野物材とが明確に区別されるようになった。

第二に、板類（壁板・ユカ板・天井板など）が必要最小限の薄さに製材され、貫も薄くなった（厚さが成《せい》の五分の一以下）。長押《なげし》はL字形に加工（長押挽《なげしびき》）され、トコ板や縁板などは尻の薄い撥形《ばちがた》断面とするなど、材料の節約がはかられた。

第三に、柱の床下部分は、丸柱が角落《かくおと》し、角柱が床板上端部分で面を留めるなど、見えない部分の工作の省力化がなされた。

そして第四に、建築彫刻や建築彩色などが発達し、建築を過度に装飾することが行なわれた。

建築部材接合法の発展

近世においては、建築の機能や程度に応じて、材料や工法を選択することが、特に重視された。なかでも、経済面での制約を主たる要因として、材料を節約しながら強度を保ち、なおかつ仕上がりも美しくするために、建築部材接合法の技術も発達した。

ただ、建築部材接合法は、一七世紀前半ごろまでに、理にかなった発達のピークを迎えていたため、その後は、造作材を中心に、それらの応用と変形がすすめられていった。

その過程は、一八世紀前半以降に著わされるようになった技術書の内容でたどることができる。

　建築部材接合法（継手仕口）に関する技術書は、その内容によって、一八世紀前半を「成立期」、一八世紀後半を「発展期」、そして一九世紀前半を「普及期」と性格づけされる（若山・麓　一九九三）。

「成立期」に著わされた技術書の中に、外観からは一見不可能と思える接合法が、一種の知的遊びとして、すでに記述されていた。これは、建築部材接合法が、一七世紀前半に技術面で完成された後、その関心が意匠面に向けられはじめたことの反映と考えられる。

　その後、「発展期」、「普及期」を経るなかで、意匠性に腐心するあまり、技術的・力学的には意味をなさない接合法が記述されるようになった。

職人たちの時代

職人の成立

近世は「職人の時代」と言われる。職人とは、社会の諸階層の生活（衣・食・住など）必需品を生産する者、いわば生活文化の生産者である。自らの技術と道具を用いて生産活動を行なうが、その労働が賃仕事として成立し、家業として独立した生活ができるようになったのは、一二世紀から一三世紀ころであったという（遠藤 一九八五）。

職人が社会的存在（階層）として認められてきたことを示す資料として、『職人歌合《うたあわせ》』がある。現存する一四世紀以降の『職人歌合』を見ると、その数は徐々に増加し、一六世紀前半に少なくとも七六種類、一七世紀後半には少なくとも一七三種類の職人が存在して

表 10　中世から近世にかけての建築関連職人

建築部位＼職人資料		①	②	③	④	⑤
基礎				石切		石切
木部	伐木・製材		(樵夫)	大がひき	(木こり) (筏士)	木挽
	主体部	番匠			番匠	大工
	造作		畳刺		畳刺	戸障子師 畳師
壁					壁塗	壁塗
屋根					桧皮葺 瓦焼	屋根葺 瓦師
装飾					(塗士)	(木彫師)

凡例

(1)職人資料名称

① 『東北院職人歌合』(14 世紀前半以前)

② 『鶴ヶ岡放生会職人歌合』(室町時代中期)

③ 『三十二番職人歌合』(15 世紀頃)

④ 『七十一番職人歌合』(16 世紀前半)

⑤ 『人倫訓蒙図彙』(17 世紀末)

(2) (　) 内表記の職人呼称は，建築に限定して従事する職人ではないが，関連のあるもの．

いた（表10）。

中世末から近世初めにかけて、手工的生産を行なう職人の種類が二倍以上に増加しており、前述したように、近世はまさに「職人の時代」であったということができる。

建築用道具も、こうした状況の中で、専用化が進行する。

近世の斧

近世における斧《おの》は、主として山仕事で使用する伐木用の縦斧（A類斧）と原木荒切削用の縦斧（B類斧）、主として建築工事で使用する部材荒切削用の横斧（C類斧）などに分類できる。また、一九世紀前半の文献資料（『シーボルトコレクション』写真）には、建築工事で使用する道具一式の中に小型B類斧が掲載されている。

近世の文献に記された基本的な名称は、A類斧が「斧」「ヲノ」「ヨキ」、B類斧が「鐇《たつき》」「タツキ」、そしてC類斧が「釿《ちような》」「テヲノ」である。

近世の斧の形状・構造は、A類斧が無肩斧身（刃部幅狭）を孔式で直柄《なおえ》に装着、B類斧が有肩あるいは有顎斧身（刃部幅広）を孔式で直柄に装着、そしてC類斧が無肩あるいは有肩斧身を袋式で曲柄《まがりえ》に装着、というものである（図40）。

絵画資料に描かれた斧身刃部の平面形状は、A類斧が直刃に近い形状、B類斧が曲刃（外湾）形状、そしてC類斧が一七世紀中ごろまで曲刃形状、一七世紀後半以降直刃に近い形状である。

近世の文献には寸法の記述もあり、A類斧が斧身長「八寸三分」・刃部幅「三寸八分」、B類斧が「刃の径八寸」「目方八百目ヨリ一貫目迄」、そしてC類斧が「径五寸許」「以曲木二尺余為柄」〈曲木二尺あまりをもって柄となし〉、という例が見られる。

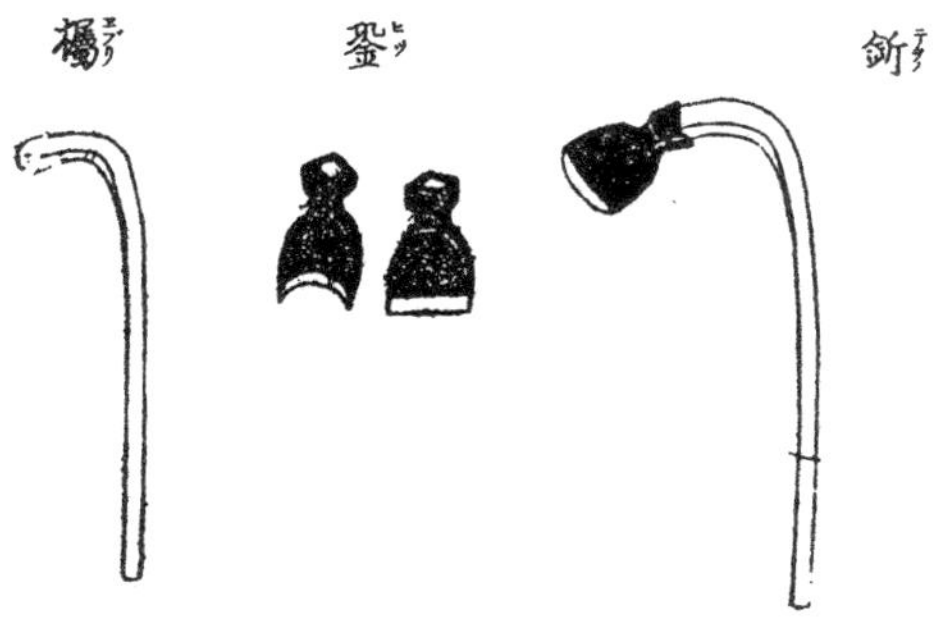

図40　近世における斧（『和漢船用集』〈1761年〉掲載挿図を模写再編）

近世の斧の使用法は、縦斧・横斧いずれも、ほとんどが立位姿勢で、斧柄を両手で把《つか》み、力を込めて斧身を振りおろす、という様子が絵画資料に描かれている（図41）。また、横斧に関しては、「脚踏材木以両手持手斧」〈脚で材木を踏み両手をもって手斧を持ち〉という記述や、「小釿」について「以片手」〈片手で〉とする記述などが、文献に見られる。

鋸の多様化

近世における鋸《のこぎり》は、建築用の場合、造材用、構造材加工用、造作材加工用などに分類できる。

造材用は、伐木専門工人用のもの、製材専門工人用

図41　近世における斧の使用法：立位で両手使用（『三井寺本堂奉納額』〈1689年〉を模写）

のものがあるが（後述）、建築専門工人用の道具の中にも、「木口切」用に一点、「引割」用に一点で、少なくとも二種類二点が含まれていたと考えられる。

構造材加工用は、横挽《よこびき》用に二点、縦挽《たてびき》用に一点で、少なくとも二種類三点が、造作材加工用は、横挽用に三点、縦挽用に一点、曲線挽用に一点で、少なくとも三種類五点が、それぞれ使われていたと推定される。

近世の建築用の鋸には、「大小」や「歯の相違」によって異なる名称がつけられている。造材および構造材加工用の横挽鋸は、「鋸」「ノコギリ」と表記・呼称し、大きさによって「大」「中」「小」の区分がある。造材および構造材加工用の縦挽鋸は「カガリ」と、造作材加工用の横挽鋸は「ヒキキリ」と、またその歯の大小により「モドキ」「カモイキリ」と、造作材加工用の縦挽鋸は「ネズミカガリ」と、そして曲線挽用は「ヒキマワシ」と、それぞれ呼称されていた（図42）。

近世の建築用の鋸は、基本構造は茎《なかご》式であるが、約三〇〇年の間で、その形状に変化が見られる。鋸身先部分の形状に関して、「鋒尖《さきとがり》」形状から「頭方《あたまけた》」形状に変化する時

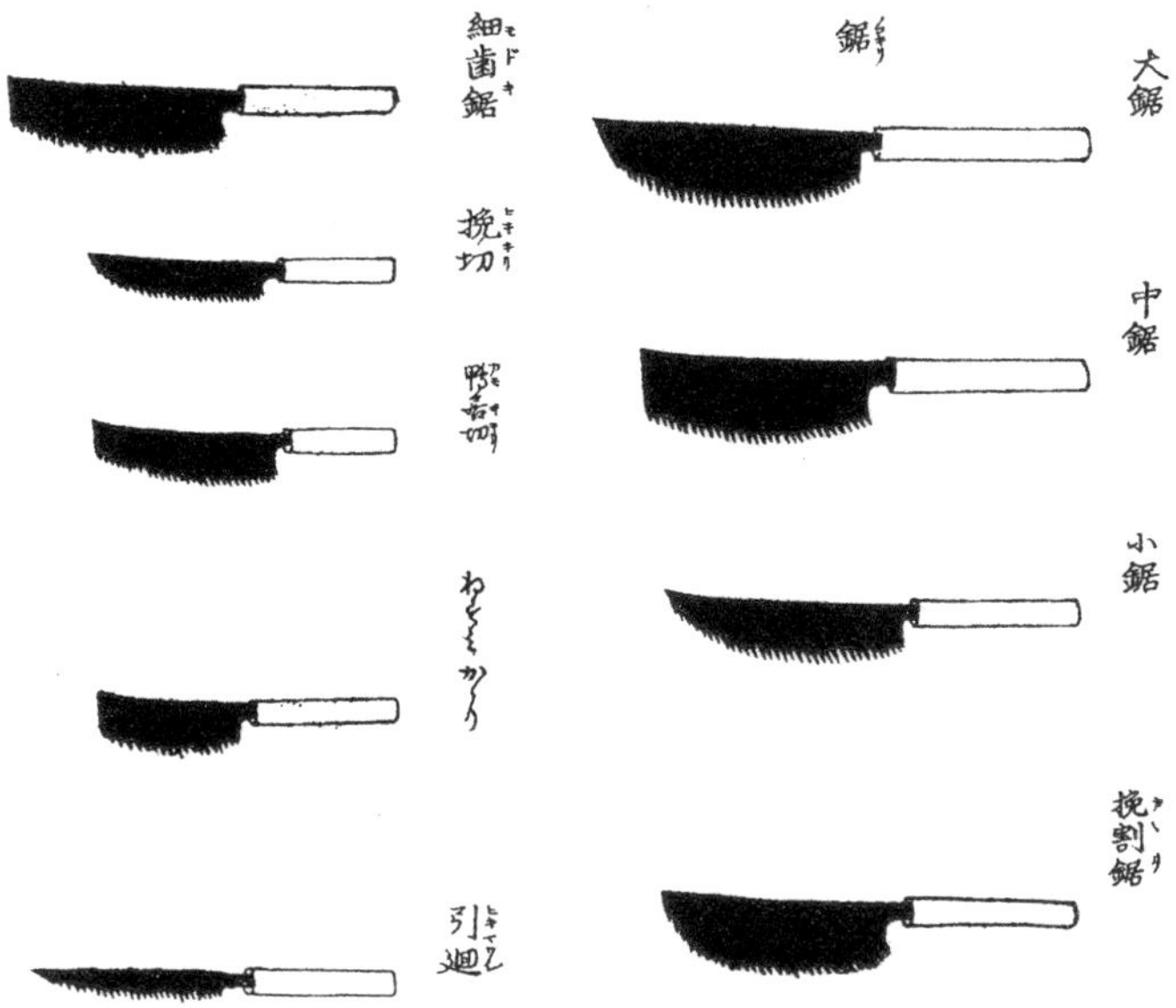

図42　近世における鋸（『和漢船用集』〈1761年〉掲載挿図を模写再編）

期を、一八世紀中ごろの文献で「近比《ちかきころ》」と記し、文献挿図でも一八世紀のものに両者が混在して描かれ、一九世紀以降、「頭方」形状に描写が統一される。

鋸の寸法に関しては、造材および構造材加工用の横挽鋸として「一尺六寸」「一尺三寸」「一尺一寸」のものが、造作材加工用の横挽鋸として「八九寸」のものと縦挽鋸として「七寸」のものが、曲線挽用として「長七八寸」「濶《ひろさ》（広＝幅）五六分」のものが、それぞれ文献に記されている。

図43　近世における鋸の使用法：立位で両手使用（『近世職人尽絵詞』〈1805年〉を模写）

近世の建築工事における鋸の使用法は、一八世紀中ごろまでの絵画資料に坐位で一方の足を加工対象部材にかけた姿勢が多く描かれ、一八世紀以降の絵画資料に立位姿勢も少しずつ見られるようになる（図43）。

近世の建築と鑿

近世における鑿《のみ》は、建築用の場合、接合部加工用、接合材打込穴加工用、曲線穴加工用などに分類できる。

接合部加工用の鑿は、構造材用と造作材用がある。それぞれに刃幅や「厚薄」のちがいがあり、少なくとも八種類四〇点のものが使われていたと推定される。接合材打込穴加工用の鑿は少なくとも四種類八点が、曲線穴加工用の鑿は少なくとも二種類二点が、それぞれ使用されていたと考えられる。

近世の鑿は、「広狭の寸分《すんぶ》」によって「三分鑿」「五分鑿」などと称し、刃幅の広いものについては「小広《こひろ》鑿」「広《ひろ》鑿」「平鑿《ひらのみ》」などの呼称もある。大型の鑿には「ツキノミ」「サスノミ」の記述があり、「鐔鑿《つばのみ》」「壺鑿《つぼのみ》」「裏丸《うらまる》」などの名称も見られる（図44）。

近世の鑿の基本構造は茎式である。鑿の寸法については、一八世紀中ごろの文献に「三厘」から「二寸」まで一四種類の記述があり、大型の鑿の柄が「近尺」とする長さの記述もある。

近世の建築工事における鑿の使用法は、一八世紀までの絵画に鑿を両足の間に位置させて作業する場面が多く描かれ、一九世紀以降の絵画に鑿を足の外側に位置させて使用する

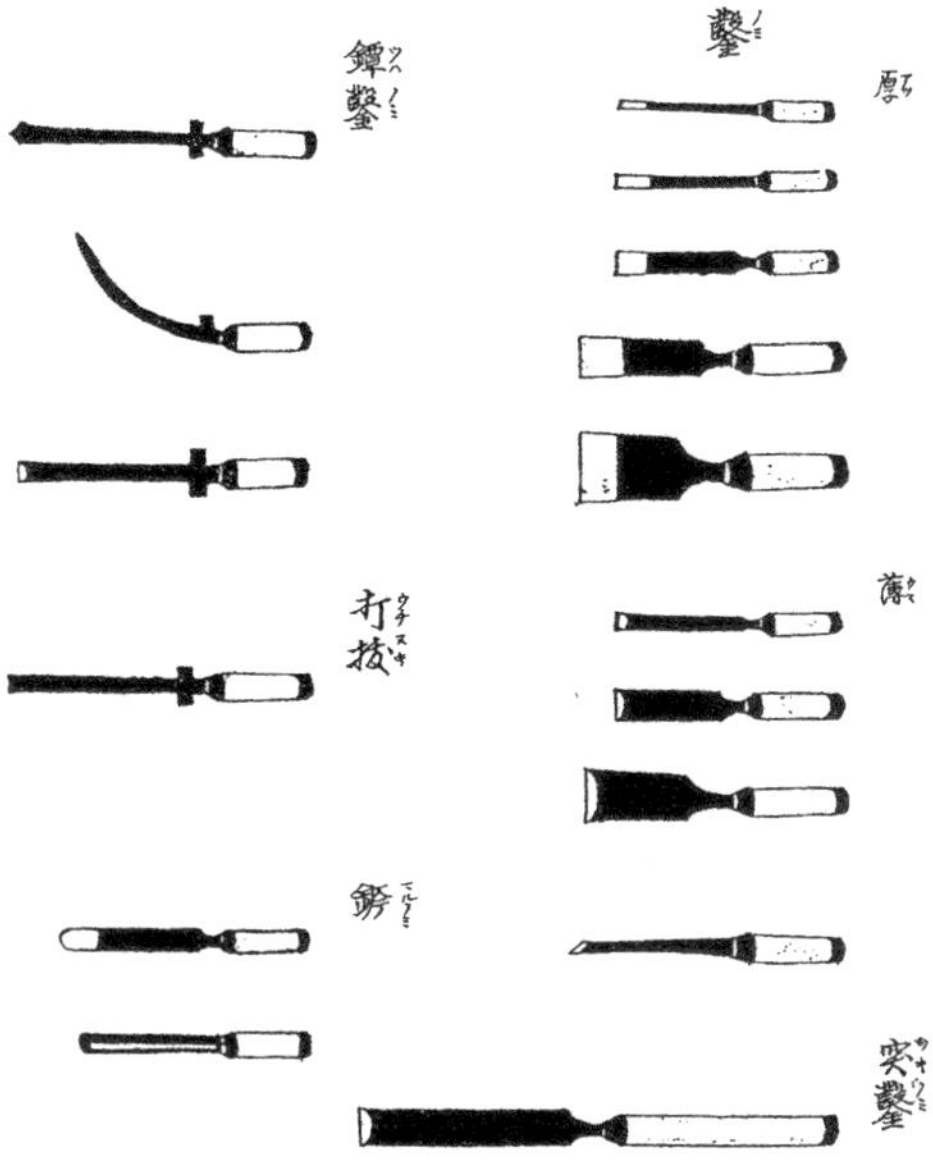

図44　近世における鑿（『和漢船用集』〈1761年〉掲載挿図を模写再編）

図45　近世における鑿の使用法：坐位で鉄製槌使用（『近世職人尽絵詞』〈1805年〉を模写）

場面が描かれるようになる。前者の使用法では、槌《つち》で叩いた瞬間に鑿の刃先が加工部位から外れた場合、致命傷となるような大怪我をする危険性がある。ゆっくり慎重に作業するのであれば、前者の姿勢でも危険性は少ないが、鑿叩きのスピードを早め、連続的に効率よく作業するためには、後者の姿勢をとる必要があったと考えられる。

なお、鑿叩き用の槌の材質が木製から鉄製に移行するのは、絵画資料などから判断して、一八世紀後半から一九世紀初めころと推定される。木製槌の場合、一定の重さを保とうとすれば、槌頭部が大きくなるため、最良のポイントで鑿の柄尻《えじり》のポイントを連続的にとらえることが難しい。さらに、強い打撃によって、木製槌の破損も多いであろう。破損すれば作業能率が低下する。木製槌から鉄製槌への移行の背景には、加工精度と作業能率とを向上させようとする動きがあったと考えられる（図45）。

近世のカンナの分類

近世におけるカンナ（鉋）は、建築用の場合、平面切削用、溝切削用、曲面切削用、面取切削用、そして台調整用などに分類できる。

平面切削用には刃幅・切削工程・台長さなどのちがいにより少なくとも三種類九点が、溝切削用には刃幅・溝底・溝脇・台断面形状などのちがいにより少なくとも四種類九点が、曲面切削用には台断面形状・曲率などのちがいにより少なくとも三種類四

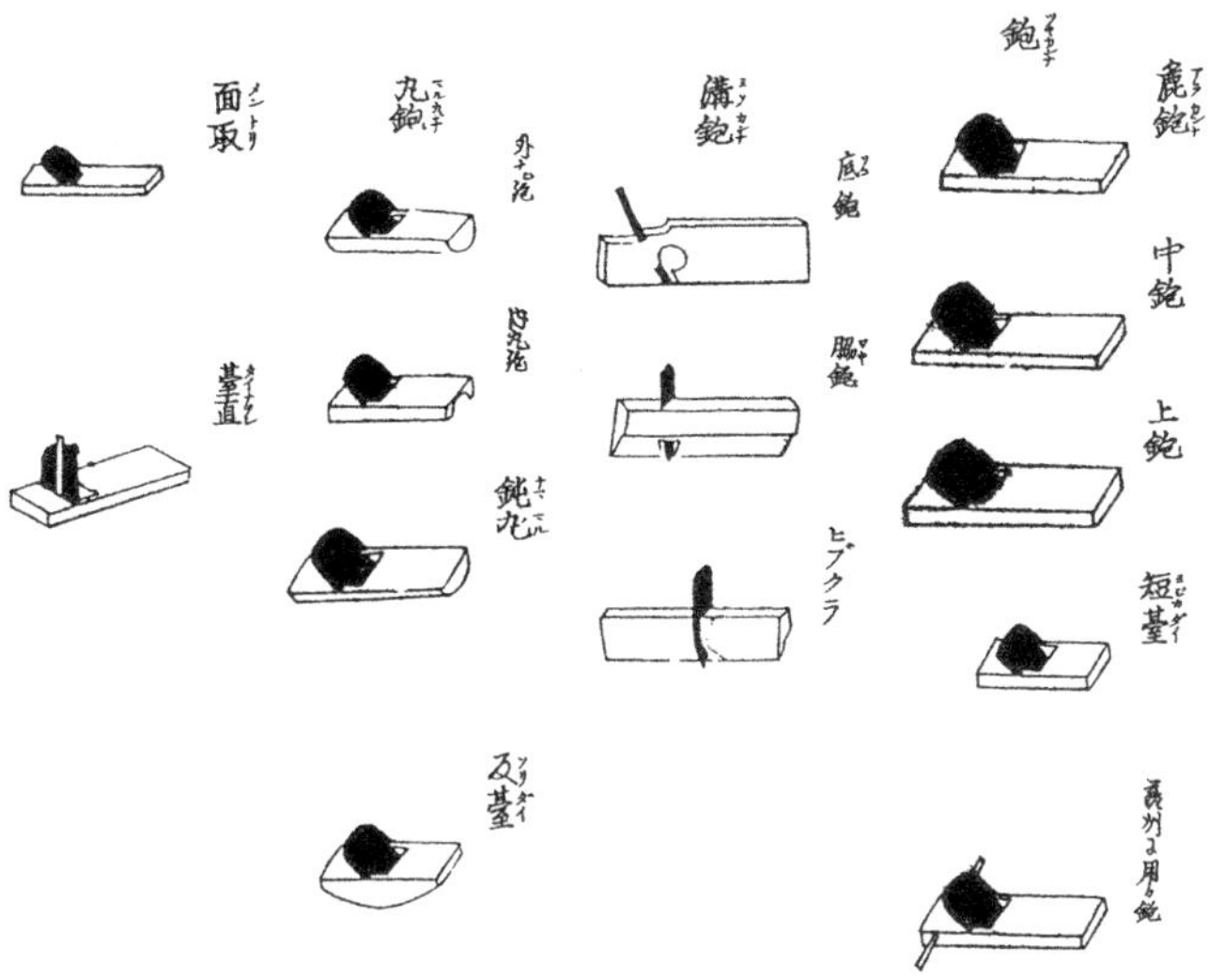

図46　近世におけるカンナ（鉋）（『和漢船用集』〈1761年〉掲載挿図を模写再編）

点が、面取切削用には刃幅のちがいにより少なくとも一種類三点が、そして台調整用には少なくとも一種類一点が、それぞれ使われていたと推定される。

カンナの名称は、平面切削用として「鉋」「ツキカンナ」「かんな」「短台・ミジカダイ」が、溝切削用として「溝鉋・ミゾカンナ」「底鉋」「脇鉋」「ソバカンナ」「ヒブクラ」が、曲面切削用として「丸鉋」「内丸鉋」「外丸鉋」「ナママル」「反台・ソリダイ」が、面取切削用として「面取・メントリ」が、そして台調整用として

図47　近世におけるカンナの使用法：坐位で両手使い（『三芳野天神縁起絵巻』〈17世紀中頃〉を模写）

「台直《だいなおし》」「竪鉋」「タテカナ」が、それぞれ文献に記述されている（図46）。

カンナの形状・構造は、平面切削用が一枚刃の鉋身を鉋台に加工した押溝《おさえみぞ》で固定する構造、溝切削用のうち、「底鉋」が鑿形状の鉋身を楔《くさび》で固定する構造、「脇鉋」が小刀形状の鉋身を断面縦長の台に固定した構造、などである。一八世紀中ごろの文献に、刃口の空《あき》具合で「麁《あら》」「中」「上」の切削精度が異なり、仕上げ切削の場合は「髪毛のごとく」わずかに刃口を空けることが記されている。

カンナの寸法については、台長さ「六七寸」の記述が、一八世紀初めの文献に見られる。

近世の建築工事におけるカンナの使用法は、一九世紀初めまでの絵画に坐位での作業が、一九世紀初め以降の絵画に削り台や立位での作業が、それぞれ描かれている（図47）。

鑓《やりがんな》による切削場面は一七世紀後半までの絵画に描かれ、一八世紀初めの文献に、鑓より鉋《つきがんな》の方が「甚捷且精密」〈はなはだはやくかつせいみつ〉とする記述がある。また、同じ文献に、鉋の使用は「凡《およそ》百年余以来」との記述もある。

建築生産と行政組織

建築専門工人は、中世においては「座」の構成員として有力社寺などの荘園領主に従属していたが、一六世紀、戦国大名の力が強まるなかで、武家勢力に直接支配されるようになった。建築工人は、半農半工の生活を送っていた在地から城下町に集住させられ（工農分離）、近世においては、都市住民として専業的に建築生産に従事することとなった。

中央政権（江戸幕府）においては、一六三二年、建築工事を統括する行政組織として作事方が設置された。その組織体制は、作事奉行の下に技術系統括の御大工頭《おんだいくかしら》と事務系統括の下奉行を置き、さらにその下に、いくつかの階梯《かいてい》を設けた。技術系の場合、その組織階梯は、御大工頭・御被官・大棟梁・棟梁・肝煎《きもいり》といった順序であった。

この建築生産に関する行政組織は、中央政権ばかりでなく、一六三六年の加賀藩をはじめ、一七世紀中ごろ（寛永年間）までに、各藩で設置されたものと考えられる（田辺・渡辺　一九六八、永井　一九八二）。

近世の伐木・製材専門工人

一七世紀中ごろの文献資料（『愚子見記』）に、「木挽起之事《こびきおこり》」と題する記述がある。

この文献の「京大仏」（方広寺大仏殿、一五八八年着工、一五九三年上棟）

の造営を記録した部分に、「文禄」（一五九二～九五年）ごろまで「世ニ木引ト云者無」、「大仏殿成ル」ころに「大仏殿之棟梁」が「木引十人或ハ廿人抱へ」て工事を行なった、と記されている。この記述だけを見ると、「木挽（木引）」は一六世紀後半に誕生した、ということになるが、前述した中世の建築工事記録では、「オガヒキ」出現が一五世紀中ごろまで、「コヒキ」出現が一四世紀中ごろまで、それぞれさかのぼる。

また、この一七世紀中ごろの文献には、製材用の鋸に関する記述も見られる。「木挽出現以前は、「大鋸ハ一ノ鋸（ノコキリ）ヲ二人而テ挽也《にひくなり》」、「杣（ソマ）斧《おの》ヲ遣《つか》フ者」、「小木ハ大工童（ワラワ）ニ鑼（カガリ）ニテ引セ用ユ」、という状況で、「大仏殿成ル」ころに「世ニ前引ト云物《いうもの》」が「出来」た、と記されている。

この文献資料の記述によって、伐木《ばつぼく》・製材専門工人と、それぞれが使用する道具との関係を整理すると、一六世紀後半より以前は、伐木・製材段階の工人として、「杣《そま》」、「大《お》鋸《が》」（オガヒキという工人名であろう）、「大工童《だいくわらわ》」がおり、それぞれ「斧」、二人使いの製材鋸（オガ）、「鑼《かがり》」を用いて作業していたが、一六世紀後半ごろに、「前引」を用いる「木引」が新たに出現した、ということになる。

いずれにしても、中世末から近世初めにかけて、伐木専門工人としてのソマ、製材専門工人としてのコヒキ、そして製材後の部材を加工するコタクミ（中世では「番匠《ばんじょう》」、近世では「大工《だいく》」）、といった専門分化が確立していたと考えられる。

「組」の成立

一六世紀、戦国大名たち武家勢力は、それまで荘園勢力に従属していた族縁的工人集団（座）ではなく、その外縁部に位置していた新興の工人たちを重用した。

武家勢力は、その動きをさらに進め、中世的な「座」を解体し、個々の工人を、一定数の「組」にまとめた。そうした「組」の統率者となったのが、武家勢力に重用されていた新興の工人たち、上層と下層の中間に位置していた棟梁大工たちであった。

畿内では、一六三五年ごろに中井家が支配する大工組の制度が形成された（行政組織としての中井役所の公的な成立は一六九三年ごろ）と考えられ、その前後に工人たちの自治組織として大工仲間をつくる動きも芽生えたと推定される。

江戸では、明暦《めいれき》の大火（一六五七年）直後に、仲間寄合で賃金を高く申し合わせる動きを、幕府が禁止した。このことから、すでに一七世紀中ごろには、都市部において仲間組織が広く形成されていたと考えられる。

一七世紀末から一八世紀にかけて、農村では農民的商品経済が興隆し、都市では町人による商業資本が成長していった。その結果、都市部において、町人による建築需要が高まり、活発な建築生産活動が展開され、農村部で賃労働者（日雇《ひやとい》）化した農民が、都市へ流入していった。

建築大工の最小単位は、親方―徒弟であった。徒弟年季は、一六一六年に三年、一六五四年に一〇年、一六九八年に無期限となり、親方になれない年季明《ねんきあ》けの徒弟、いわゆる中間層としての平大工が急増していった。一八世紀中ごろから後半にかけて、親方大工と平大工との対立が顕著となり、前者は株仲間結成により営業権の独占と固定化をはかり、後者は講（太子講など）にもとづくグループを結成してこれに対抗した。

一方、幕府は、市中に散在して活発な動きを展開する職人たちの掌握を目的に、一七一二年、官制の組合をつくらせ、町方《まちかた》（町奉行―町年寄―町名主）を通して、職人支配の徹底をはかろうとする動きを強めていった（田辺・渡辺　一九六八、永井　一九八二）。

大工たちの賃金と生活

一五世紀ころの畿内の先進地域において、建築工人（番匠）の賃金は一日あたり一〇〇文（銅銭）、当時の新興職人としてのオガヒキは一二〇文であった。米に換算すると、一〇〇文で一斗二升五合から二斗の量が購入できた。

近世の幕藩体制下、江戸の明暦大火（一六五七年）直後に定められた建築大工の賃金は、一日あたり銀三匁、米に換算すると六升から七升五合の量であった。一九世紀前半、上大工の公定賃金（一八三四年）は、「当分の節」四・六二匁、「平和の節」四・二匁、米に換算すると、前者が約三升二合、後者が約三升であった。

これらの記録より、一五世紀から一九世紀までの間に、建築工人（番匠・大工）の実質賃金は、約二〇〇年ごとに区切ってみると、半分ずつに減っていたことが推定できる。約四〇〇年間に、四分の一に減ってしまった賃金で、建築大工はどういう生活をしていたのであろうか。一九世紀前半における江戸の建築大工の生活実態を記録した史料（『文政年間漫録』一八二〇年）によると、夫婦と子供一人の場合、年間総収入（実働二九四日）が銀一貫五八七匁六分、年間総支出が銀一貫五一四匁、一年で残るのは銀七三匁六分だけであったという。なお、総収入に占める食費の割合（エンゲル係数）は七〇で、食べるのがやっとの生活であった（西　一九八〇）。

請負制と建築生産効率

一六世紀に台頭してきた戦国大名は、建築工事において自由競争的な原理をもち込むことにより、新興の棟梁大工を中心に、建築工人そのものの再編をはかっていった。一六世紀末から一七世紀初めにかけて、建築大工の技能労働の質に応じ、上・中・下の賃金体系が定められたことは、建築大工に経済効率という意識を自覚させることにつながったと考えられる。

建築工事における一括請負の早い例は、江戸幕府直轄の美濃南宮神社の造営（一六四〇〜四三年）であったが、これは商業資本によって落札された。一八世紀以降、商品経済の興隆にともなって、都市部における建築需要が増大すると、有力な建築大工が工事を一括して請負うようになり、建築大工内部での階層分化に拍車をかけた。

このような動きの一環として、幕府の建築生産行政組織にも変化があった。一七世紀後半から一八世紀にかけて、祖先の栄光に安住して気位が高い作事方《さくじかた》の棟梁ではなく、建築の合理性を追求して工事費の節減をはかろうとする小普請方《こぶしんかた》の棟梁（町方から優秀な人材を登用）が重用されるようになった（内藤　一九八一）。

また、請負制の基礎となる正確な積算を行なうため、一八世紀中ごろに標準工数が公定（一七五一年）され、以後、一九世紀にかけて工数の引き下げ（一七五九年、一八三七年）がなされた。

これらの動きは、建築工事に従事する大工たちに対し、よりいっそうの生産効率を求めることにつながったと考えられる。

官民一体となった建築生産効率の向上、経済優先の動きの中で、次のような弊害が史料（荻生徂徠《おぎゅうそらい》『政談』一八世紀初め）に記されている。

効率優先の動き

昔の大工は家に巻物を伝えて堅く法を守りしが、当時の大工は渡世に逐われて、少しでも細工を多く請取らんとする故、細工も次第に下手に成りて家居も早く損ずるなり、器物もまたかくのごとし。

また、建築の発注者である商人にも、専門分化のすすんだ建築関連職人を巧みに使って、経済性を高めようとする考えのあったことが記録されている（『立身大福帳』）。

大工・日用の雇い方、先ず普請をせんと思わば、秋冬よりつもりおいて、春夏すべし、秋冬人を雇えば、日短く手許ひえ仕事はかゆかず、百旬にしてしまうことは百五旬かかる、大いなる損なり、……職人雇いかた、柱・挽物または何にてもはつる（斫る）ことは、船大工を雇い、諸刃てう（ちょうなのながぬけたもの）にてはつらすべし、けずることは櫃《ひつ》・長持《ながもち》の職人にさせ、見世格子《みせごうし》は戸や、仏壇はおまへや（「おまへや」は屋号）、押入は戸棚やにさせて、万事に大工ばかり用ゆべからず、職人にそれぞれの得手得てあり、得ぬことをさすれば、ひま入りてから、手ぎわ悪し、大きなる損なり、……戸障子を大工さすべからず、次はあわざ、上はあはぢ町の戸やにて、あつらゆべし。

完成へと向かう大工道具

伐木用鋸の登場

一七世紀後半の文献資料（『雍州府志』）に、「杣人《そまびと》」に関する記述がある。「山人木客謂杣」〈さんじんぼっきゃくいわゆるそま〉と杣に関する説明あり、「杣人」は「自新秋至初冬」〈新秋より初冬にいたる〉の時期に「入山林」、「伐取材木」を行なう、と記されている。

この文献資料には、中世までの諸資料では見出せなかった伐木用の鋸《のこぎり》に関する記述がある。「杣人」の「所用」の道具として「大鋸」があり、「伏見中屋之所鍛《きたえしところ》」のものを「為好」と評価し、「人求之」〈人これを求む〉と記している。この鋸鍛冶の由来については、「専造之家多号天王寺屋」〈もっぱらこれをつくりし家多く天王寺屋と号す〉、「始摂州天王寺門前鍛冶造之」〈はじめて摂州《せっしゅう》天王寺門前の鍛冶《かじ》これを造る〉とある。

これらの記述より、一七世紀後半には「杣人」が伐木用の「大鋸」を使っていたこと、当時は京都伏見の「中屋」製が好評であったこと、それ以前には「摂州天王寺」産の鋸が有名であったこと、などを知ることができる。

なお、ここに記されている「大鋸」は、一八世紀中ごろの文献資料にある「一尺六寸」の長さの「大鋸《おおのこぎり》」に類したものと考えられる。同じ資料に「大鋸」を「おか」と呼称する場合は「杣取木挽の具」との記述があり、この「おか」は製材用の鋸を示していると推定される。

ただ、近世の絵画資料の中に、伐木場面で鋸を使用している描写を、現在のところ見出すことができない。

伐木に用いる斧

近世の文献資料において、伐木用の斧は、「斧」と表記し、「ヲノ」あるいは「ヨキ」と呼称された。

一九世紀中ごろの資料（『木曾式伐木運材図会』）には、「杣人具」として、伐木用の斧も含めた杣人の用いる主要道具が記されている（図48）。

まず、基準機能の道具として、「サシ」と「墨壺」の名称と図が記され、後者のカルコ

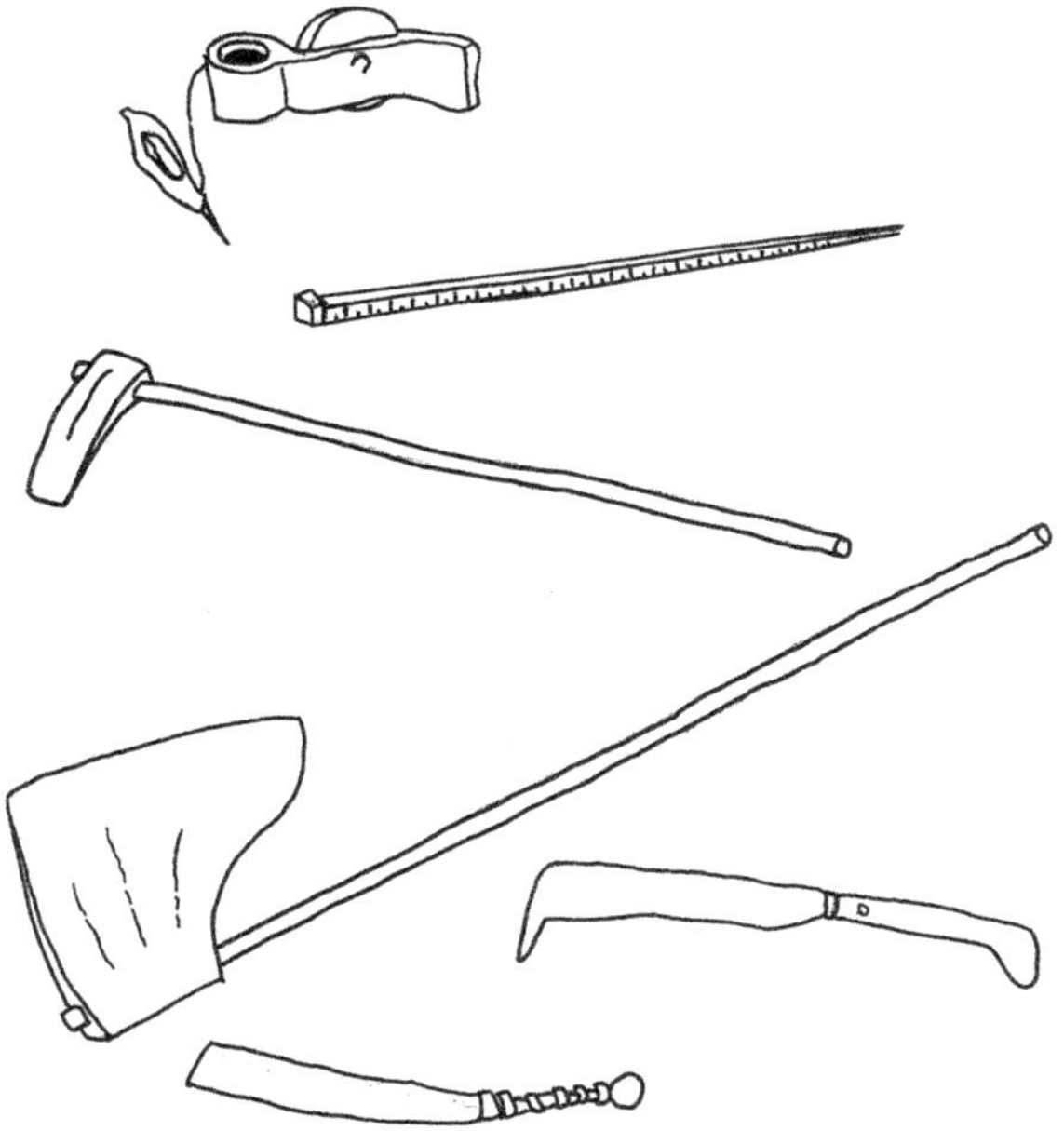

図48　近世の「杣人具」（『木曾式伐木運材図会』〈1856～57年〉を模写）

図49　斧による伐木（『木曾式伐木運材図会』〈1856～57年〉を模写）

にあたる部分に「デッチ」という付記がある。

次に、直接、木に作用させる造材機能の道具として、「斧」「刃広斧・ハヒロヨキ」「山刀・ナタ」「楉打・ホイチ」の記載がある。これらの中で、「斧」には「キリ斧」「フシウチ斧」「両品アリ」と、「刃広斧」には「サメ斧トモ云」「目方」「八百目ヨリ一貫目迄」「刃ノ経八寸」と、それぞれ短文解説が記されている。

そして、補助的な二次機能の道具として、「背負籠・ショヒコ」が、刃を有する道具の補助具として、「刃広斧」の部分に「刃沓《はくつ》」が、「山刀」の部分に「山刀手籠・ナタテンコ」が、それぞれ掲載されている。

斧を用いた伐木場面は、一八世紀中ごろと一九世紀中ごろの絵画資料などに描かれている（図49）。

近世の製材技術

一八世紀初めの文献資料（『和漢三才図会』）には、「大鋸」と題する部分に、「大鋸・おが」「前挽大鋸・まへひき」「台切大鋸・たいきり」の三種類の鋸が記されている。

第一に「大鋸」は、「長六尺」（寸法）、「歯半順半逆」「有竹柄」（形状・構造）、「杣人用之」（職種）と説明されている。この中で、「大鋸」は「杣人」が使用する道具と記されている点が注目される。

第二に「前挽大鋸」は、「長二尺」「潤（広＝幅）一尺一寸」（寸法）、「歯皆向前」「其柄屈」（形状・構造）、「竪引」（使用法）、「大木為板」（用途）と説明されている。

そして第三に「台切大鋸」は、「長二尺二寸」「潤一尺」（寸法）、「歯不頎《き》」「有両柄」（形状・構造）、「対引」（使用法）、「横切大木」（用途）といった記述が見られる。

この「台切大鋸」と「前挽大鋸」に関しては、「大木」を「横切」し、「板」をつくる、といった用途や、「竪引」、「対引」といった使用法などが具体的に記述されている。ただ、使用職種については記述が見られない。

近世の製材技術に関しては、絵画資料によって、鋸の使用法などをより具体的に知ることができる。

まず、二人使いの横挽製材鋸（台切）の使用場面は、一七世紀後半、一八世紀中ごろ、一九世紀中ごろの絵画資料などに、前掲文献の記述どおりの様子が描かれている（図50）。

次に一人使いの縦挽製材鋸（前挽）は、一七世紀後半、一八世紀中ごろと後半、一九世紀中ごろの絵画資料などに描かれている（図51）。

なお、一七世紀中ごろの絵画に鋸身幅が狭く歯道がやや外湾し弦で補強された形状の縦

図50　鋸による切断（玉切《たまぎり》）：二人使いの横挽鋸（ダイキリ）（『行基僧正絵伝』〈17世紀後半〉を模写）

図51　鋸による製材：一人使いの縦挽鋸（マエヒキ）（『士農工商風俗図屏風』〈18世紀後半〉を模写）

図52　鋸による製材：一人使いの縦挽鋸（カガリ）（『三芳野天神縁起絵巻』〈17世紀中頃〉を模写）

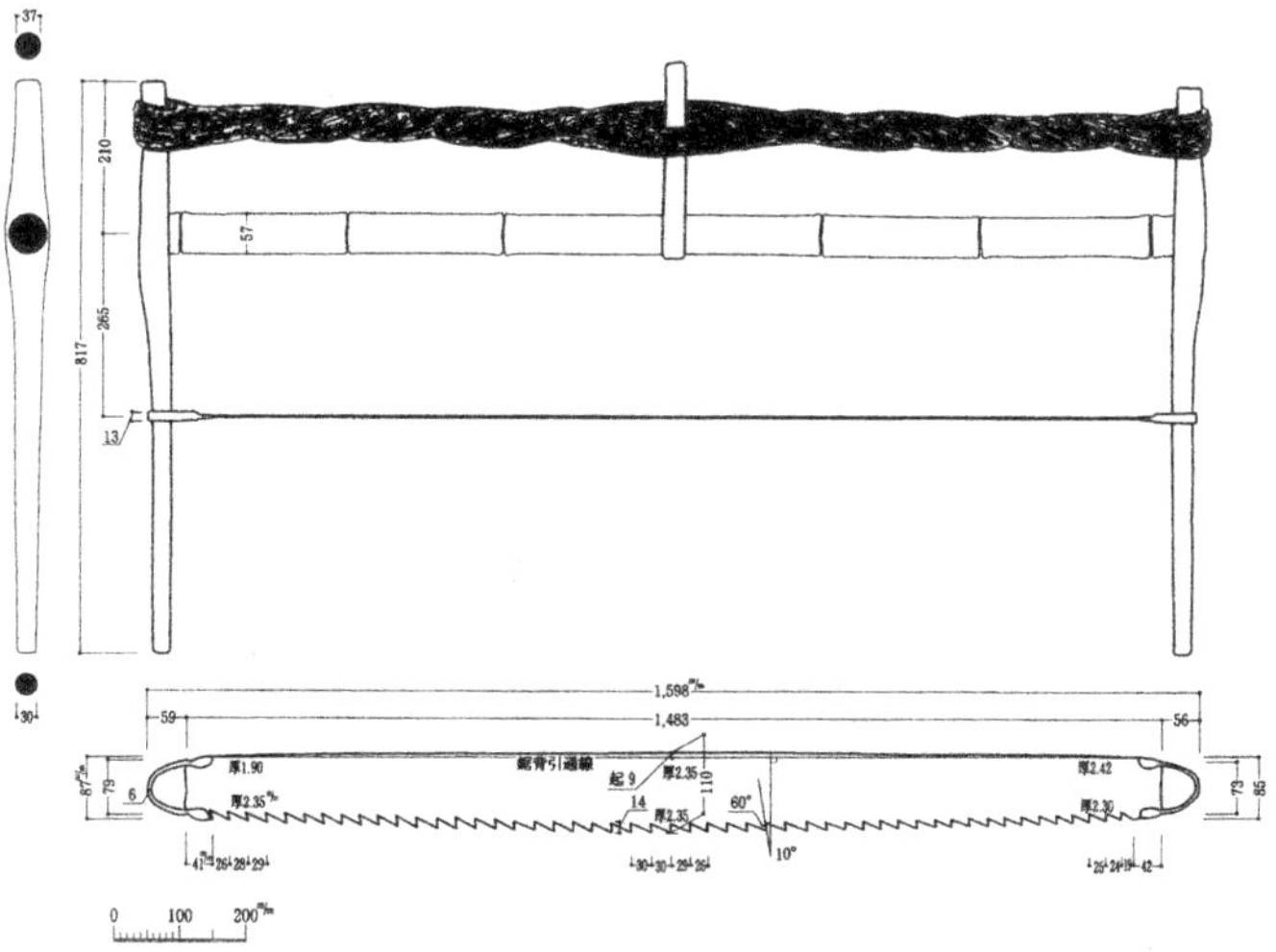

図53　近世における二人使いの縦挽製材鋸（オガ）（実測図：伊万里伝世〈18世紀後半から19世紀前半〉）

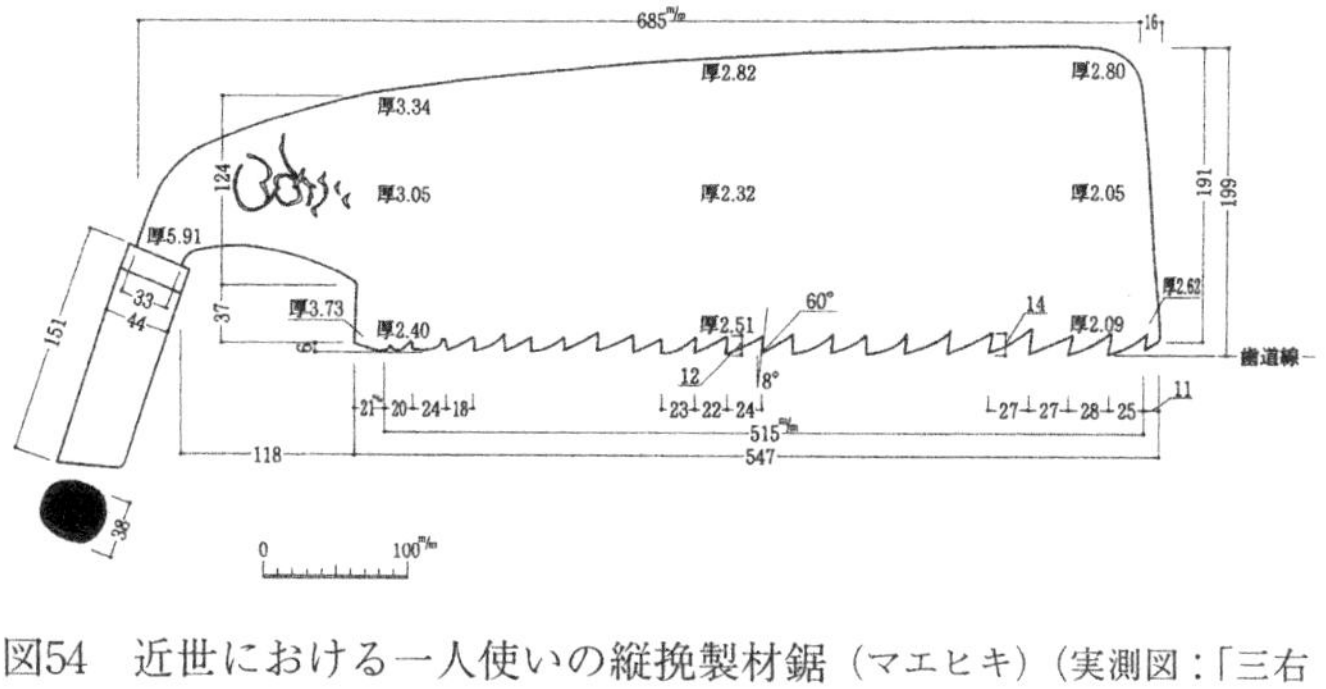

図54　近世における一人使いの縦挽製材鋸（マエヒキ）（実測図：「三右門」銘伝世〈17世紀前半〉）

挽製材鋸が、一七世紀後半の絵画に鋸身幅がやや狭く、先端が角形状と尖《とが》り形状の二種類の縦挽製材鋸が、それぞれ描かれている。これらの鋸の柄は、前掲文献に記されていた「其柄屈」形状ではなく、コブ状の柄尻を有する直柄形状であることが共通している（図52）。

近世の縦挽製材鋸の実物資料は、二人使いのものと一人使いのものとが、それぞれ伝世されている（図53、54）。

製材に用いる斧

近世の文献資料では、原木を荒切削（大斫《おおはつ》り）する斧を「鐇《たつき》」と表記し、一八世紀中ごろまでの文献では「タツキ」と呼称する場合が多く、それ以降の文献では「マサカリ」と呼称する場合が多く見られる。

これに関して、一九世紀前半の文献（『箋注倭名類聚抄』）において、「鐇」は「多都岐《たつき》」であったが「後世」に「麻佐加利《まさかり》」と呼称するようになったと記述し、「タツキ」と「マサカリ」との呼称の混乱を指摘している。

この「タツキ」の用途として、一八世紀初めの文献に「斫木」の記述が、一九世紀初めころの文献に「大木」を「はつる」という記述が、それぞれ見られる。

この「タツキ」を使用する職種について、一八世紀初めの文献や一九世紀中ごろの文献に、「杣人」と記されている。

「タツキ」による大斫り場面は、一九世紀中ごろの絵画資料などに描かれている（図55）。

近世の建築部材加工技術

建築部材が人の目に見える位置にあり仕上げ加工されているものを化粧材、見えない位置にあり仕上げ加工されていないものを野物《のもの》材と称する。同一部材の場合、人の目に見える面を見え掛り、見えない面を見え隠れと区別することもある。

図55　斧による製材：刃幅の広い縦斧（タツキ）（『木曾式伐木運材図会』〈1856～57年〉を模写）

中世後半から近世初めにかけて、縦挽製材鋸によって正確に製材された材木が供給されるようになると、建築大工たちは建築部材接合部を精巧に加工することと、部材表面を美しく切削することに力を集中するようになった。

近世の建築部材の場合、野物材や見え隠れ面は横斧による荒切削（斫り）や鋸による挽肌《ひきはだ》のまま残しておくが、化粧材や見え掛《かか》り面はカンナによって仕上げ切削をほどこした。ただ、カンナによる切削も、すべてを「上」仕上げしたのではなく、「麁《あら》」切削でとどめておく場合もあったと考えられる。

たとえば、「正法寺本堂」(一六二九年、京都府)の床板表面には、畳で隠れる部分に刃幅一寸二分のカンナ切削痕が確認できる。

近世の建築用道具編成

近世における木の建築をつくる道具は、専門工人の分化が進行するなかで、工人ごとに道具編成が確立されていった。

山での伐木作業に従事する工人は大型の斧(縦斧)を、製材作業に従事する工人は大型の鋸(前挽)を、そして建築現場で部材加工に従事する工人は、小型の斧(横斧)と鋸・鑿・カンナなどの道具を主要な編成とし、分業体制により木の建築をつくり上げていった。

建築部材加工用の道具に関しては、次のような変遷が見られる。

第一に、一六世紀後半から一七世紀前半にかけて、横斧(釿《ちような》)の形状が無肩斧身《むけんふしん》から有肩斧身に変化し、その主たる作業姿勢が坐位から立位に移行したと推定される。

第二に、一七世紀後半から一八世紀前半にかけて、横斧刃部が曲刃から直刃(それに近い曲刃）に変化し、鋸身先端部が「鋒尖《さきとがり》」形状から「頭方《あたまけた》」形状への移行をはじめ、カンナの切削機構の精密化が進行したと考えられる。

そして第三に、一八世紀後半から一九世紀初めにかけて、「頭方」・歯道直線の鋸身形状で、柄の長い鋸（鋸身と柄とがほぼ同じ長さ）が普及し、その作業姿勢が坐位主体から立位主体へ変化したと推定される。また、鑿叩き用の槌が木製から鉄製に移行するとともに、その作業姿勢が両足開き無防備坐位から急所を防備する坐位へと変化し、カンナの作業姿勢も坐位主体から立位主体へ移行したと考えられる。

以上より、近世における建築部材加工用道具の主要編成は、斧（横斧）・鋸・鑿・カンナで、近世後半において、その形状・構造や作業姿勢に大きな変化があったということができる。

多様化する大工道具と技術

最高水準に達した大工道具

一九世紀末から二〇世紀前半にかけて、わが国の木の建築をつくる技術は、加工の精度において最高の水準に達したといわれている。

近代の建築用「標準編成」の道具

この時代に修業を積み、第一線で仕事をしてきた建築大工に関する調査報告によると、本格的な仕事には、約一八〇点の大工道具が必要（「標準編成」）であったという（村松監修、黒川　一九八四）。

この「標準編成」に含まれている建築用主要道具に関して、種類・名称・点数などを概観しておく。

第一に建築大工が使う斧は、小型の縦斧（大工斧《だいくおの》）が一点、横斧（釿《ちような》）が一点、の計二種類二点である。

第二に建築大工が使う鋸《のこぎり》は、造材用の「穴挽《あなひき》鋸」「前挽鋸」がそれぞれ一点ずつで二種類二点、構造材加工用の「挽切《ひききり》鋸」「挽割《ひきわり》鋸」「両歯《りょうば》鋸」が各一点ずつで三種類三点、そして造作材加工用の「両歯鋸」「畔挽《あぜひき》鋸」「胴付《どうづき》鋸」「押挽《おさえびき》鋸」「挽廻《ひきまわし》鋸」が五種類七点で、計一〇種類一二点となっている。

第三に建築用の鑿《のみ》は、構造材接合部加工用の「叩《たたき》鑿」「突《つき》鑿」が二種類一七点、造作材接合部加工用の「大入《おいれ》鑿」「向待《むこうまち》鑿」「鎬《しのぎ》鑿」「平鏝《ひらこて》鑿」「掻出《かきだし》鑿」「打出《うちだし》鑿」が六種類二四点、木栓《もくせん》や釘《くぎ》などの接合材打込穴加工用の「込栓穴掘《こみせんあなほり》鑿」「平鐔《ひらつば》鑿」「丸鐔《まるつば》鑿」が三種類三点、そして丸太材などの接合部加工用の「丸《まる》鑿」が一種類五点で、計一二種類四九点となっている。

そして第四に建築用の鉋は、平面切削用の「平《ひら》鉋」「長台《ながだい》鉋」が二種類一三点、溝や段欠部分を切削する「溝《みぞ》鉋」「決り《しゃくり》鉋」「際《きわ》鉋」が一〇種類一七点、曲面切削用の「丸鉋」「反台《そりだい》鉋」が三種類六点、建築部材の角部分を切削する「面取《めんとり》鉋」が一種類二点、部材表面に特徴的な刃痕を残す「名栗《なぐり》鉋」が一種類二点、そして鉋台調整用の「台直《だいなおし》鉋」が一種類二点で、計一八種類四二点を数える。

近代以降、建築用主要道具にあらわれた変化として、縦挽・横挽両用の鋸（両歯鋸）、鑿や鉋の刃裏を研ぎやすくした工夫（ウラスキ）、逆目を防ぐ鉋刃の工夫（二枚刃）、微調整を容易にしたネジの利用（機械〇〇鉋）などがあげられる。

近世から近代への主要道具の変化

また、建築大工が使う主要道具の編成に関して、近世と近代を比較すると、次のような傾向が見られる。

第一に建築大工が使う斧は、近世・近代いずれも二種類二点で、変化は見られない。

第二に鋸は、造材用〈近世二点→近代二点〉（以下同様の点数表現）、構造材加工用〈三点→四点〉、造作材加工用〈五点→七点〉で、近代になってわずかに増加しているだけである。

第三に鑿は、構造材・造作材加工用〈四〇点→四一点〉、接合材打込穴加工用〈八点→三点〉、曲線穴加工用〈二点→五点〉と、接合材打込穴加工用の鑿が、近代になると大幅に減少している。これは、近代以降、ボールト錐《きり》などの深くて大きな穴をあける道具が編成に加わったことなどの影響と考えられる。

そして第四に鉋は、平面切削用〈九点→一三点〉、溝・決《しゃく》り切削用〈九点→一七点〉、曲面切削用〈四点→六点〉、面取切削用等〈四点→六点〉と、溝・決り切削用の大幅な増加が注目される。これは、建築部材接合の「工芸品」的な精密化が、近世以上にすすんだことの反映と推定される。

以上、近代における建築用主要道具は、斧・鋸・鑿など、主として建築の「構造に奉仕」する道具では大きな変化は見られず、主として「美に奉仕」する鉋において、より精巧な加工を可能とする機能分化が進行したと考えられる。

このように、建築用主要道具の形状・構造面での改良や、機能分化の進行の背景には、近世後半から続く建築生産効率と加工精度を向上させようとする動きの、さらなる加速があったものと推定される。

衰退する大工道具

二〇世紀後半以降の現代においては、電動工具や工場での加工機械による建築生産が普及したため、手道具としての建築用主要道具は、衰退の歩みをはやめていった。

こうした状況の中で、現代の建築用主要道具の使われ方を、「よく使う」「たまに使う」「希《まれ》に使う」「ほとんど使わず」、といった分類で調査した報告がある（大田区立郷土博物館一九八五）。

第一に建築大工が使う斧は、小型縦斧（一点）を「たまに使う」、横斧（一点）を「希に使う」。

第二に鋸は、造材用の穴挽鋸（一点）を「たまに使う」、前挽鋸（一点）を「ほとんど使わず」。構造材加工用の挽切鋸（一点）を「たまに使う」、挽割鋸（一点）を「ほとんど使わず」、両歯鋸（一点）を「よく使う」。造作材加工用の両歯鋸（二点）を「よく使う」、胴付鋸（一点）・畔挽鋸（一点）をいずれも「たまに使う」、押挽鋸（一点）を「ほとんど使わず」、挽廻鋸（二点）を「たまに使う」。

第三に鑿に関して、構造材接合部加工用の叩鑿（一二点）は、入念仕事用（六点）を除き、残りの六点を「たまに使う」、突鑿（五点）は、「八分」を「たまに使う」、「一寸四分」を「希に使う」、残りの三点が「ほとんど使わず」。造作材接合部加工用の大入鑿（一一点）は、「八分」「六分」「四分」「三分」を「よく使う」、「一寸二分」「一寸」「七分」「二分」「一分」を「たまに使う」、残りの一点（「二分五厘」）が「ほとんど使わず」。向待鑿（五点）・鎬鑿（四点）は、いずれも「ほとんど使わず」。平鏝鑿（二点）は、「六分」を「たまに使う」、「四分」を「ほとんど使わず」。搔出鑿（一点）・打出鑿（一点）は、いずれも「ほとんど使わず」。接合材打込穴加工用の込栓穴掘鑿（一点）・平鐔鑿（一点）・丸鐔鑿

（一点）は、いずれも「ほとんど使わず」。そして丸太材などを加工する丸鑿（五点）は、「六分」「三分」を「たまに使う」、残りの三点を「ほとんど使わず」。

そして第四に鉋に関して、平面切削用の平鉋（一〇点）は入念仕事用（六点）を除き、「中仕工《しこ》」「上仕工」を「よく使う」、「荒仕工」を「たまに使う」、「鬼荒仕工」を「希に使う」。長台鉋（三点）は、「たまに使う」。溝・決り切削用の荒突鉋（一点）・底取鉋（一点）・脇取鉋（一点）は「たまに使う」、ヒブクラ鉋（二点）・相決り鉋（三点）・小穴突鉋（二点）・機械決り鉋（一点）・印籠《いんろう》決り鉋（二点）はいずれも「希に使う」、横溝鉋（一点）は「ほとんど使わず」、際鉋（二点）は「たまに使う」。曲面切削用の外丸鉋（二点）・内丸鉋（二点）・反台鉋（二点）は「希に使う」。面取等切削用の面取鉋（二点）は「たまに使う」、名栗鉋（二点）は「希に使う」。鉋台調整用の台直鉋（二点）は「たまに使う」。

近代から現代への主要道具の変化

近代の「標準編成」と、現代の「よく使う」「たまに使う」道具との点数を比較する。

建築大工が使う斧は、近代が二点、現代が「たまに使う」一点で半減している。鋸は、近代が一二点、現代が「よく使う」三点・「たまに使う」六点で、やや減少している。鑿は、近代が四九点、現代が「よく使う」五点・「たまに使う」一五点で、半減している。そして鉋は、近代が四二点、現代が「よく使う」二点・「たまに使う」一三点で、三分の一に減少している。

以上より、用材を直接工作する斧・鋸・鑿・鉋などの主要道具に、近代から現代にかけて大幅な減少が見られる。これは、電動工具をはじめとした機械を導入することによって省力化・効率化が可能な機能分野において、急速にその動きが進行したことを示しているものと考えられる。

大工道具の発達史

斧の発達史

伐木や原木切断に使用する鉄製の縦斧（A類斧）は、弥生時代から一四世紀ころまで無肩袋式を基本とし、弥生・古墳時代に無肩茎《なかご》式が、古墳時代に無肩孔式が一部見られる。一三世紀から一四世紀にかけての実物・絵画資料に、無肩孔式のものがあることから、この鎌倉時代ごろが無肩袋式と無肩孔式との併用期と考えられる。そして、A類斧の形状・構造は、一五世紀ころから無肩孔式に統一され、それが近世を経て、近・現代まで継承されている。

原木の荒切削（大斫り）などに使用する鉄製の縦斧（B類斧）は、古墳時代に有肩袋式のものが見られる。しかし、古代・中世の形状・構造が不明で、近世の絵画資料の中に、無肩・有肩・有顎のいずれも孔式のものが確認できる。七世紀後半の寺院建築部材に、刃幅約三〇〇ミリメートルのＢ類斧による刃痕が残るとする報告例もあり、古代には、相当大型のＢ類斧が使われていたと推定される。

建築部材の荒切削（斫り）に使用する鉄製の横斧（Ｃ類斧）は、弥生時代から一六世紀末ごろまで無肩袋式を基本とし、古墳時代に有肩袋式のものが一部見られる。この有肩袋式のＣ類斧は、古代・中世には確認できず、一六世紀後半以降、再び使われるようになったと考えられる。その後、この形式が、近・現代にまで継承されている。Ｃ類斧の袋部の構造については、古墳時代に完全鍛着例が見られるが、再びそれを確認できるのは、一四世紀ころの実物資料である。一三世紀から一四世紀の絵画資料には、不完全鍛着の描写が見られることから、このころまで、完全鍛着の技術が普及しないまま推移した可能性がある。Ｃ類斧の刃部平面形状については、弥生時代から一七世紀ころまで、曲刃と直刃（正確には直刃に近い曲刃）とが併用され、一八世紀初め以降、直刃に統一されていったと考えられる。

鋸の発達史

古墳時代に出現した鋸は、四世紀から五世紀までの小型で多様な鋸身装着法の時期を経て、六世紀以降、中型で茎《なかご》式の装着法を基本とする形式に移行していった。

鋸身鋸歯部分（歯道）の形状は、七世紀ころまで直線形状、八世紀から一〇世紀ころまで内湾形状、一〇世紀ころからやや外湾形状に変化しはじめた、と考えられる。一三世紀から一四世紀ころには、同一絵画内でも鋸身幅のちがいによって歯道外湾の度合に強弱のあるものが見られる。総じて、時代が降るに従って、鋸身幅が広くなる傾向にある。一五世紀ころから、鋸身元部分にアゴが形成され、歯道は鋸身先部分の外湾度が強くなり、中央から元部分にかけて外湾度の弱い形状に変化していった。一七世紀後半から、「鋒尖《さきとがり》」であった鋸身先端部を「先切《さきぎり》」した「頭方《あたまけた》」形状の鋸が出現し、一八世紀の両形状混在期を経て、一九世紀以降、「頭方」形状に統一されていった。この変化にあわせて、外湾形状の歯道部分も直線形状に変化し、近・現代まで継承されていった。

鋸身長さと柄長さの比率は、一三世紀から一四世紀ころに約三対一、一五世紀から一六世紀ころに約三対二、一九世紀初めごろに約一対一と、時代が降るにつれて柄部分が相対的に長くなる傾向がある。

これは、鋸の使用動作とも関連した変化と考えられる。一三世紀ころまでの鋸歯形状は、二等辺三角形のものが多く、推《お》しても引いても機能するが、鋸としての性能は低い段階のものであった。一五世紀ころに、鋸歯が柄の方向に傾いた引き使いの鋸が見られるようになる。このころから近・現代に至るまで、鋸の使用動作は引き使いを基本とするようになったと考えられる。

鑿の発達史

鑿の刃部縦断面形状は、弥生時代以降、両刃と片刃のいずれも見ることができる。ただ、この場合の片刃は、片刃に近い両刃であるものがほとんどで、銹化《しゅうか》のない状態で本来の意味での片刃が確認できる古い例は、一七世紀の実物資料（東大寺伝世鑿など）である。これと関連して、鑿穂先の片面に鋼《はがね》を鍛接《たんせつ》するようになった時期が、どこまでさかのぼれるのか、今のところよくわかっていない。また、鋼を鍛接した片刃鑿でも、その刃部の精度をさらに高める（裏面を正確に研ぐ）ためのウラスキがほどこされているものは、一九世紀前半までの実物資料では確認できていない。

柄の装着方法については、弥生時代以降、袋式と茎式のいずれもが見られ、厚手の穂先には袋式が、薄手の穂先には茎式が、それぞれ主として使われる傾向にある。同じ遺跡から出土した一四世紀ころの実物資料にも、両形式が見られる。このうち、茎式の場合、首部分の断面が円形に近い多角形で、茎との境界には明瞭なマチが形成されている。これは一七世紀以降に確認できる鑿の基本形状と同じものである。このことから、一四世紀ころ以降、袋式と茎式が併用されながらも後者が優勢となり、一七世紀ころには、ほとんどの鑿が茎式に統一されていたと考えられる。

絵画資料によって、その使用場面を見ることができる一三世紀以降、一八世紀中ごろまで、鑿叩きには木製槌《つち》が使用されていた。一七世紀後半の文献（『雍州府志』）にも、鑿叩きには木製槌を使うことが記述されている。一九世紀初めの絵画資料で鑿叩きに鉄製槌を使用している場面が確認でき、このころから文献にも「玄能《げんのう》」の記述が見られるようになる。これらより、鑿叩きに鉄製槌を使うようになったのは一八世紀後半から一九世紀初めごろと推定される。

カンナの発達史

カンナは、建築部材の中でも人の目にふれる部材、すなわち化粧材の最終仕上げの道具である。その最終仕上げ面に対して、どれだけの精度や平滑さを求めるか、ということを主たる要因として、鑓《やりがんな》から鉋《つきがんな》への移行が生じた、と考えられる。

鑓は、切削対象である木の繊維の状態に応じて刃部が動くため、切削面の精度や平滑さという点では、性能の低い道具といえる。より高い精度の切削面をつくり出すためには、刃部を固定して部材面を移動させる必要があり、ここから鉋の発想が生まれたものと考えられる。

わが国においては、広い平面に対してではなく、断面が細くて長い部材や、長い溝を精度高く切削しようとするために、刃部をなんらかの方法で固定した原初的鉋が使われはじめたと推定される。原初的鉋の実物が未発見のため、近世以降の溝鉋などの中に、その名残りがあると考え、次のような形状を想像している。たとえば、一三世紀ころに出現する小組格天井などの組子《くみこ》や鴨居《かもい》などの溝底部分などは、近世の「底鉋」などのように鑿の刃部を台に固定した原初的構造の鉋が使われた可能性がある。また、溝側面などを切削する場合は、近世の「脇鉋」などのように刀子を台に固定した原初的鉋が使われたかもしれない。

一五世紀中ごろの建築部材の中に、板面を長いストロークで通りよく切削した同一幅の刃痕が見られることから、この時期には、原初的鉋の改良も相当進んでいたと考えられる。一六世紀後半には、扁平な台に甲穴《こうあな》をほり、その押溝《おさえみぞ》に刃部を装着する、というわが国の鉋の特徴をそなえた実物資料（大坂城出土鉋）が見られる。

以上より、一三世紀ころに出現した可能性がある鑿起源の原初的鉋は、一五世紀ころに大きく改良が進み、広い平面を切削する道具として、鉇と肩を並べるところまで発達したと考えられる。一六世紀後半の実物資料で確認できるカンナ（鉋）の形状・構造は、この一五世紀ころの改良の中で形成された可能性がある。その後、平面切削用の道具として、二つのカンナ（鐁と鉋）が併用されるが、一七世紀ころには、鉋が優勢になっていたと推定される。

一八世紀初めの文献にあった「凡《おおよそ》百年余以来始《はじめて》用《もちいる》」の記述も、鉋が優勢に転じた状況を反映したものと見ることもできる。

道具発達史における階層性

時代の先端技術と道具の発達史

旧石器時代の長い原初的建築の時代を経て、縄文時代の約六〇〇〇年前から四〇〇〇年前にかけて、平地形式や高床形式の大型建築が、石《いし》斧《おの》と石鑿《いしのみ》を用いてつくられるようになった。

弥生時代の約二〇〇〇年前に、斧と鑿の材質が石から鉄に移行し、鉄斧《てつおの》と鉄鑿《てつのみ》を用いて、多様な構法の建築がつくられた。

古代の六世紀後半に伝来した礎石立基礎の仏教建築をつくる主要な道具として、鉄斧と鉄鑿のほかに、鋸とカンナ（鑓《やりがんな》）が加わり、後の時代に続く機能別基本編成が確立された。

中世の一四世紀から一五世紀にかけて、斧あるいは鑿と楔《くさび》を用いる打割製材から、二人使いの大型製材鋸（オガ）を用いる挽割《ひきわり》製材への技術革新がすすみ、幅広の薄板材や正確な角材をつくり出すことが可能となった。これにあわせ、鋸と鑿の加工精度が向上し、二つのカンナ（鑯と鉋《つきがんな》）の併用もはじまった。

近世の一八世紀後半から一九世紀初めにかけて、鋸・鑿・カンナ（鉋）の加工精度がさらに高まり、生産効率を上げようとする大きな動きの中で、建築工事の作業姿勢が坐位主体から立位主体へ移行した。

そして近代の一九世紀末から二〇世紀前半にかけて、木の建築をつくる技術は、加工の精度において最高の水準に達し、一人前の建築大工が使う道具（標準編成）は、少なくとも約一八〇点を数えるところまで、多様に分化した（表11）。

以上が、各時代において先端に位置する建築技術と道具の流れである。この先端技術は、社会における上層の人々が利用するさまざまな用途の建築をつくるために使われたことから、各時代の「上層技術」と称しておく。

一方、庶民階層の利用する建築は、それぞれの時代における上層技術の影響を受けつつも、長い年月をゆったりとした流れで継承されてきた技術によってつくられたと推定され

表11　木の建築をつくる道具の変遷

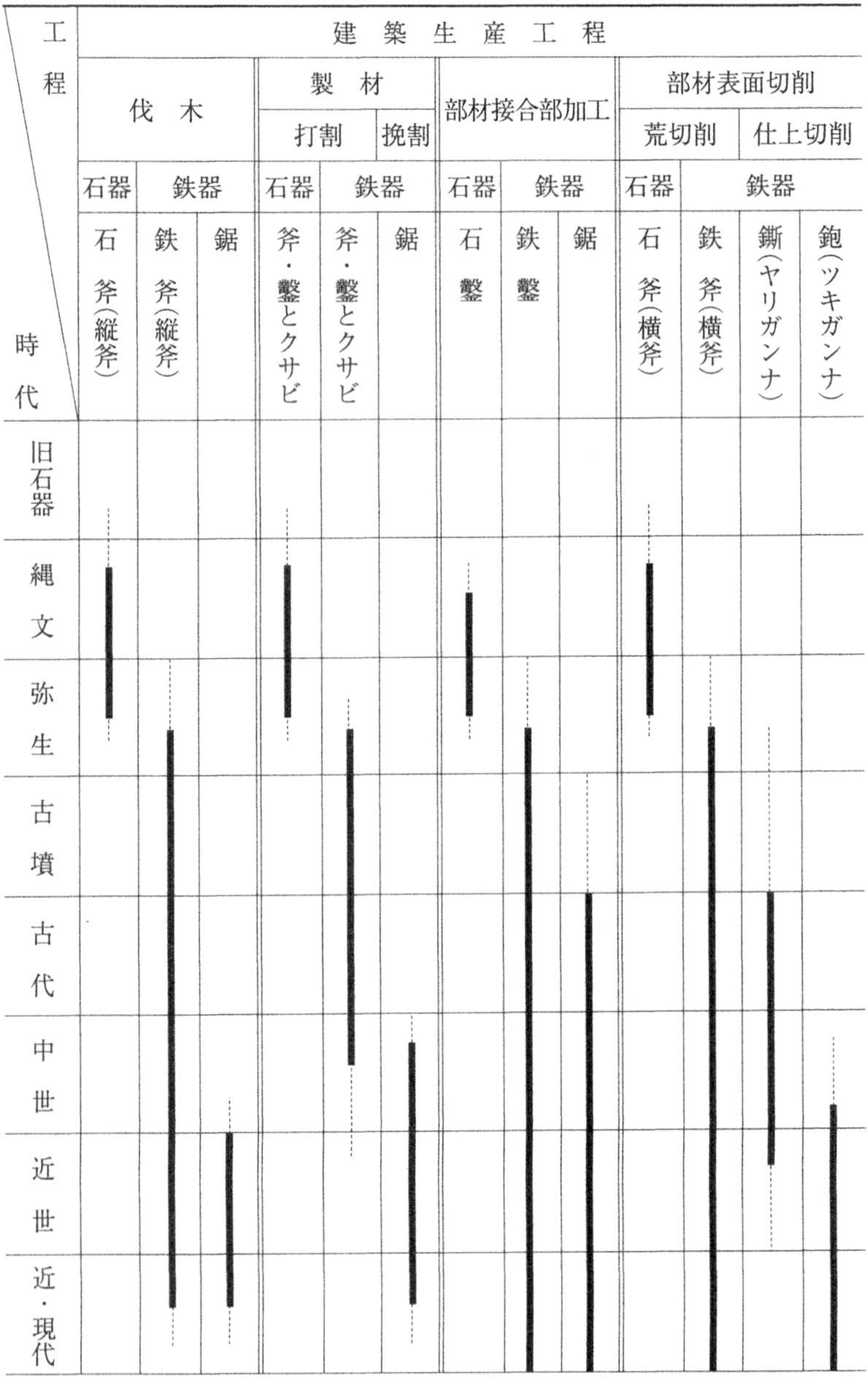

る。これを「基層技術」と称しておく。

庶民階層の建築技術と道具

関東における「国分期」（古代後半）の集落址から、建築用としても使われた可能性のある道具が出土している。

「鳶尾遺跡」（神奈川県）では、竪穴住居址が一六三軒、非竪穴（平地形式あるいは高床形式）住居址が一一六軒、「村上込の内遺跡」（千葉県）では、竪穴住居址が一五五軒、非竪穴住居址が二四軒、それぞれ確認されている。いずれの遺跡においても、鉄製品の多くは、竪穴住居址から出土しているという（土井　一九八一）。

鉄製品の中で、建築用としても使われた可能性のある主要道具（斧・鋸・鑿・カンナ）の出土状況を見ると、両遺跡とも、斧と鑿が出土し、鋸とカンナは発見されていない。鋸やカンナ（鐁）は、斧や鑿と比較すると、銹化によって消滅しやすい鉄製品といえる。しかし、万能道具としての刀子《とうす》は多数出土していることから、銹化消滅が主要因ではないと考えられる。

これを建築工事と関連させて考えると、斧や鑿などの荒仕事用の道具が出土し、精巧な仕事に用いる鋸やカンナなどが発見されていない、ということになる。

庶民階層が居住する集落においては、鉄斧と鉄鑿という、弥生時代の道具編成が、少なくとも古代後半まで続いていた可能性がある。

掘立基礎の山村住居

庶民階層が住む山村集落では、数千年前からの建築技術である掘立基礎の住居が、近世後半までつくられていた（前述）。基礎構造が掘立で、上部構造が股木《またぎ》の柱と丸太の桁などを縄で結ぶという原始的な技術は、一八世紀後半まで、山間地の集落で継承されていた。

これらの住居は、専門の建築大工ではなく、「結《ゆい》」などの地域共同体によって建てられていたことも、文献資料の記述から推定することができる。

股木柱や丸太の桁材などを加工する場合、斧と鑿があれば用が足りることから、前述した古代後半の庶民階層の道具編成が、近世後半まで継承されていたと考えられる。また、製材法も、斧あるいは鑿と楔を用いた打割製材であったと推定される。

大工道具の一万年——エピローグ

木材利用と建築技術の歴史

わが国における木を材料とする建築の用材は、縄文時代に広葉樹のクリが、弥生時代から中世にかけて針葉樹のヒノキ・スギが、近世には針葉樹のマツが、それぞれ多く利用されていた。

建築の構法に大きく影響する基礎構造は、縄文・弥生・古墳時代が掘立、古代以降に礎石立と掘立の併用が続き、山村も含めたわが国の全域に礎石立が普及したのは近世後半であった。

建築部材接合法は、基本形一七種類のうち、約半分がすでに縄文・弥生・古墳時代の建築に使われていた。古代以降、時代が降るにしたがって基本形の組み合わせが複雑となり、中世末から近世初めにかけて、完成の段階に到達した。

万能の斧から機能分化した道具

わが国における木の建築をつくる道具は、万能の斧から、さまざまな道具が機能分化していく過程と見ることができる。建築部材に残された刃痕と関連させて、その変遷を概観する。

第一に、旧石器時代においては、小径木を切断し、その枝を払う程度の機能をもつ道具があればよく、それは打製石斧あるいは刃部磨製石斧で用が足りたと考えられる。縄文時代になると、垂直材（柱）と水平材（梁・桁など）とを組み合わせて建築をつくるようになったことから、それぞれの部材を所定の大きさに製材することが必要となり、石斧に切断だけでなく切削の用途が加わった。また、部材相互の接合部を加工するために、万能の石斧から、石鑿が分化したと考えられる。この段階の建築部材表面は、割裂した状態のまま（割肌《わりはだ》）か、石斧による荒切削の刃痕が残った面（斫り肌《はつりはだ》）か、どちらかであったと推定される。

第二に、弥生時代においては、切断用石斧、切削用石斧、接合部加工用石鑿などが鉄製の道具に移行した。すなわち斧と鑿の用途区分はそのままに、材質が石から鉄へ変化したと考えられる。古墳時代には、原木段階での荒切削（大斫り《おおはつり》）用としての縦斧と、製材後の部材段階での荒切削（斫り）用としての横斧とに、切削用道具が機能分化したと推定される。弥生・古墳時代の部材表面は、やはり、割肌か斫り肌のいずれかであったと考えられる。

第三に、古代においては、切断機能を担う道具として鋸が、切削機能を担う道具としてカンナ（鉇）が出現する。この段階で、斧・鋸・鑿・カンナという、その後の時代の基本となる機能分化が確立されたといえる。中世になると、縦挽製材鋸（オガ）が出現する。原木段階での縦斧と楔を用いての打割製材から、大型鋸を使用しての挽割製材へ移行したことにより、斧のもつ割裂・大斫り・斫り機能の一部が不用となったという見方ができる。この時代の建築部材は、野物《のもの》材が割肌、斫り肌、挽肌のいずれか、化粧材の多くが削肌であったと推定される。

そして第四に、近世においては、挽割製材がより普及し、化粧材の削肌が、鉇によるものから鉋によるものへ移行していったと考えられる。

建築工人の歴史

わが国において、共同作業による建築造営を指導する建築専門工人が誕生したのは、数千年前の縄文時代と推定される。構造的に強固な大規模建築を造営する場合、いくつかの集落による共通の意志がはたらいていたはずであり、それが工人を建築生産活動に従事させる主要な原動力であったと考えられる。

弥生時代になって階級社会が成立し、その後、古墳時代、古代と、支配階級の統率と強制力によって、高度な技術を必要とする建築の造営に、工人たちが従事していたと推定される。その中で、伐木専門工人であるソマヒトは、古代の文献で確認できるが、その出現はさらにさかのぼり、古墳時代あたりと考えられる。

中世になると、中央集権的建築生産体制がくずれ、分権的な生産体制のもと、族縁的集団によって建築造営が担われたこともあり、比較的ゆっくりと建築工事が進められたものと思われる。

製材に従事する専門工人に関しては、二人使いの製材鋸（オガ）を用いるオガヒキと、一人使いの製材鋸（カガリ）を用いるコヒキとが、中世中ごろに出現したと推定される。それ以前の製材は、打割法によって行なわれており、原木を割裂させる大割を主としてソマヒトが、さらにそれらを割裂させる小割を主としてコタクミが、それぞれ担っていたと考えられる。ここからさらに推論すると、鋸による大割を専門とするオガヒキはソマヒトから、鋸による小割を専門とするコヒキはコタクミから、それぞれ専門分化した可能性が高いといえる。さらに、鋸による大割製材を、一人使いの鋸（マエヒキ）で行なう専門職人（コヒキ）は、中世末から近世初めに、オガヒキから分化したと推定される。

そして、約四〇〇年前の近世初めに、武家勢力によって中央集権的な建築生産体制が再び確立された。約三〇〇年前の近世中ごろに、経済活動の活発化により有力商人層が出現すると、建築生産の効率向上を求める動きが、大きな「強制力」として建築工人たちに向けられていったと考えられる。

伐木の技術と道具の歴史

木の建築をつくるプロセスの最初の段階である伐木工程では、立木を切断（元伐り）する道具として、旧石器時代に打製石斧が、縄文時代から弥生時代前半にかけて磨製石斧が、それぞれ使用されたと考えられる。

弥生時代中ごろ以降、鉄製縦斧が元伐り用の道具として使われるようになるが、石斧の装着形式を継承した茎《なかご》式鉄斧は、古墳時代で姿を消したと推定される。茎式鉄斧と同様に弥生時代に出現した袋式鉄斧は、古墳時代に大型化と構造強化がはかられ、中世中ごろまで使われつづけたと考えられる。そして孔式鉄斧は、古墳時代に限られた地域や集団で使われはじめ、袋式鉄斧との併用期を経て、中世中ごろ以降、伐木用の縦斧は、この形式に統一されていったのであろう。

伐木用の道具として鉄製の鋸が使われるようになるのは、中世末から近世初めにかけてと考えられる。ただ、この時期以降も、伐木用道具の主力は斧であった可能性が高く、鋸は補助的に使われる場合が多かったと推定される。

二人使いの横挽鋸は、原木の切断（玉切り）用として、近世以降に使われるようになったと考えられる。近世後半に、一部の地域（秋田など）で伐木用として使われた記録もあるが、その主たる用途は、伐木後の原木切断であったとみられる。

なお、二人使いの横挽鋸が出現する以前の原木切断は、石器の時代を含めて、縦斧を使っていたと考えられる。

製材の技術と道具の歴史

製材工程の中で、第一に、原木を大斫《おおはつ》りして荒角材をつくる道具に関して、縄文時代から弥生時代にかけて磨製石斧が使われたと推定される。刃幅が広い有肩鉄製斧は、古墳時代に出現し、古代には「タツキ」と呼称したことを文献で知ることができる。ただ、古代の「タツキ」が古墳時代と同様に袋式であったのかどうか、出土例がないため確認できない。

中世には、比較的刃幅の広い孔式鉄斧が絵画に描かれ、近世になると、有肩あるいは有顎の孔式鉄斧が使われていたことを、諸資料によって知ることができる。

第二に、大木を製材（大割）して、大型の盤状厚材や幅広の板材をつくる道具としては、縄文時代から弥生時代前半まで、主として磨製石斧と木製楔が、弥生時代後半から中世前半まで主として鉄製縦斧と木製楔が、それぞれ使われていたと推定される。これらは、斧の材質が石から鉄へ変化しても、斧によってあけた穴に木製楔を打ち込んで原木を割裂させる打割製材法で、製材技術としては同一のものであった。

鉄製の縦挽鋸による挽割製材法は、中世中ごろから普及していったと考えられる。まず、二人使いの縦挽製材鋸（オガ）が使われはじめ、中世末から近世初めにかけて一人使いの縦挽製材鋸（マエヒキ）が使われるようになり、その後、後者が大割製材用道具の主流になっていったものと推定される。

そして第三に、小木を製材（小割）して、小型の角材や幅の狭い板材をつくる道具としては、縄文時代から弥生時代前半まで石鑿などの磨製石器と楔が、弥生時代後半から中世まで主として鉄鑿と楔が、それぞれ使われていたと考えられる。これらは、鑿などの材質が石から鉄へ変化しても、大割の場合（前述）と同様、製材技術としては同一の打割製材法であった。

鉄製の縦挽鋸による挽割製材法は、中世中ごろから普及していったと考えられる。オガによって大割した盤状厚材などを小割する道具として、一人使いの縦挽製材鋸（カガリ）

が使われはじめたと推定される。

建築部材加工の技術と道具の歴史

木の建築をつくるプロセスにおける建築部材加工工程は、部材接合部加工と部材表面切削に大別できる。

建築部材接合部加工では、縄文時代から弥生時代前半にかけて磨製の石斧と石鑿が、弥生時代後半から古墳時代にかけて鉄斧と鉄鑿が、それぞれ主として使用されたと考えられる。古代になると鉄斧と鉄鑿に、鉄製の鋸が加わり、それ以降、部材接合部加工には、鉄製の斧・鋸・鑿が主として使われるようになった。

建築部材表面切削には、横斧による荒切削（斫り）と、カンナによる仕上げ切削とがある。荒切削は、縄文時代から弥生時代前半にかけて主として横斧形式の磨製石斧を用い、弥生時代後半以降、主として鉄製の横斧を使いつづけたと推定される。仕上げ切削には、古代から中世まで主として鐁を用い、近世以降、主として鉋を用いたと推定される。中世後半から近世初めにかけて、二つのカンナの併用期があったと考えられる。

道具使用における立位と坐位

伐木・製材・建築部材加工の各工程において、斧・鋸・鑿・カンナを使用する姿勢の変化を概観する。

数千年前の縄文時代、当時の主要道具であった斧・鑿を用いて木の建築をつくる場合、大型の縦斧・横斧・石鑿を使う姿勢は立位主体であったと推定される。また、小型横斧や小型石鑿などを用いて小さな建築部材を加工する場合は、坐位主体であったと考えられる。

約二〇〇〇年前の弥生時代、道具の材質が石から鉄に移行しても、立位と坐位の併用は続いたと推定される。

建築造営の様子が絵画資料によって確認できるようになる約八〇〇年前からの中世以降は、縦斧が立位主体で、横斧・鋸・鑿・カンナ（鐁）などが坐位主体で、それぞれ使用されていた。

約四〇〇年前の近世初めごろ、横斧の作業姿勢が坐位主体から立位主体に移行し、約二〇〇年前の近世後半ごろまでに、鋸とカンナ（鉋）も坐位主体から立位主体に移行していったと考えられる。なお鑿は、坐位主体が続くが、この時期に両足の間で鑿を使う坐位から、足の外側に鑿の刃先を位置させて使う坐位へ、鑿叩き用の槌の材質が木製から鉄製へ、それぞれ移行する。

これらの作業姿勢の変化の背景には、建築発注者たちの「いいものを、安く、早く」という要求、すなわち加工精度と生産効率を向上させようとする強い動きがあったと考えられる。建築工人たちは、ぎりぎりの生活を送りながら、建築生産効率優先の大きな動きにせきたてられるように、作業姿勢を坐位から立位へ移行させていったと推定される。

この「安く、早く」という動きは、その後、近代を経て現代にまでつながっているといえよう。

あとがき

筆者が建築分野の仕事に従事しようと考えたのは、中学時代であった。それは、超高層建築をつくるプロセスが、テレビを通して全国の茶の間に放映され、多くの少年に夢を与えた時代であった。大学入学時には、建築学科は「花形」学科のひとつ、しかし四年後の卒業時にはオイルショックの影響で、官民ともに、ほとんどが「採用ゼロ」の状況におちいった。

幸い、国指定重要文化財建造物の解体調査と修復を行なう仕事に従事することができ、研究室内での机上の学問ではなく、「モノ」に密着した研究をすすめることができた。この時の体験が、筆者の研究に対する姿勢のベースとなっている。

筆者は、わが国における先史時代も含めた建築技術史の研究を四半世紀にわたってすすめてきた。その過程で、海外との比較研究の重要性を痛感させられる、いくつものテーマに直面した。例えば、次のようなテーマである。

縄文時代、約四〇〇〇年前の「桜町遺跡」で出土した建築部材は、約七〇〇〇年前の中国長江下流域の遺跡（河姆渡《かぼと》）からの出土部材と類似した点が多い。

弥生時代、約二〇〇〇年前に鉄斧や鉄鑿を使いはじめたころ、漢代の中国では大型の鉄製鋸を、ローマ時代のヨーロッパでは二人使いの縦挽製材鋸とカンナ（鉋）を、それぞれ使っていた。わが国の古墳時代の出土遺物の中に、鋸身長さ約三五センチメートル、鋸身厚約一ミリメートルという、わが国の鋸の発達史を約一〇〇〇年さかのぼらせるような水準の鋸が発見されている（「新原・奴山四四号墳」六世紀、福岡県）。

地獄の様子を描いた中世の絵画資料（『聖衆来迎寺六道絵』一三世紀）に、近世以降と考えていた二人使いの大型横挽鋸が描かれている。

これら、いくつかの例を見ただけでも、わが国における木の建築をつくる技術と道具は、ユーラシア大陸東西の文明圏と比較することによって、それぞれの時代における位置付けが明らかになると考えている。

木の建築をつくる技術と道具は、単線的な流れで発達するものではなく、ある時代に出現したものが、一時期、歴史の表舞台から消える場合、あるいは「発達」ではなく「退化」が見られる場合、など複線的で複雑な流れを示している。

本書は、そうした流れの一部分を記述したにすぎない。「プロローグ」で記した本書の目的も、十分に達成できたとはいえないであろう。

今後、さらに研究を深めていくことをお約束するとともに、本書を目にされた読者諸賢のご叱正を切に願いつつ、筆をおくこととする。

なお、吉川弘文館編集部の一寸木紀夫氏、永田伸氏には、本書を世に出すためにご尽力いただいた。末筆ではあるが、心より感謝申し上げる。

二〇〇四年八月

渡 邉 晶

参考文献

［一般書・研究論文］

浅川滋男編『先史日本の住居とその周辺』同成社、一九九八
浅川滋男・箱崎和久編『埋もれた中近世の住まい』同成社、二〇〇一
伊原恵司「中世〜近代建築の使用木材とその構成」『普請研究　第二六号』普請帳研究会、一九八八
内田祥哉『在来構法の研究』住宅総合研究財団、一九九三
遠藤元男『日本職人史の研究・Ⅰ〜Ⅵ』雄山閣出版、一九八五
大河直躬『番匠』法政大学出版局、一九七一
太田邦夫『ヨーロッパの木造建築』講談社、一九八五
大田区立郷土博物館編・発行『大田の職人』、一九八五
岡田英男「古代建築に使った木」『普請研究第八号』普請帳研究会、一九八四
『古代住居・寺社・城郭を探る』国土社、一九九九
佐原　眞『斧の文化史』東京大学出版会、一九九四
『先史時代の木造建築技術』木造建築研究フォーラム、二〇〇〇
田辺　泰・渡辺保忠「建築生産」『新訂建築学大系４・Ⅰ（日本建築史）』彰国社、一九六八
土井義夫「鉄製農工具研究ノート　古代の竪穴式住居址出土資料を中心に」『どるめん』、一九八一

内藤　昌『近世大工の系譜』ペリカン社、一九八一
永井規男「歴史のなかの建築生産システム」『新建築学大系44』彰国社、一九八二
西　和夫『江戸時代の大工たち』学芸出版社、一九八〇
『日本歴史館』小学館、一九九三
『文化財講座　日本の建築・1～5』第一法規出版、一九七六・一九七七
文化庁編『国宝重要文化財指定建造物目録』文化財建造物保存技術協会、一九七八
宮本長二郎『日本原始古代の住居建築』中央公論美術出版、一九九六
宮本長二郎「日本中世住居の形成と発展」『建築史の空間』中央公論美術出版、一九九九
村上恭通『倭人と鉄の考古学』青木書店、一九九八
村松貞次郎『道具と手仕事』岩波書店、一九九七
村松貞次郎監修　黒川一夫執筆（一九四五）『わが国大工の工作技術に関する研究』労働科学研究所、一九八四
若山　滋・麓　和善『近世建築書―構法雛形―』大龍堂書店、一九九三
渡邉　晶『日本建築技術史の研究』中央公論美術出版、二〇〇四

［史料］
『延喜式』延長五年（九二七）
『下学集』文安元年（一四四四）

『木曾式伐木運材図會』安政三〜四年（一八五六〜五七）
『愚子見記』一七世紀中頃
『新撰字鏡』昌泰年間（八九八〜九〇一）
『箋注倭名類聚抄』文政一〇年（一八二七）
『雍州府志』貞享元年（一六八四）
『和漢三才図会』正徳二年（一七一二）
『和漢船用集』宝暦一一年（一七六一）
『倭名類聚抄』承平年間（九三一〜九三八）

著者紹介

一九五三年、鳥取県に生まれる
一九七六年、福井大学工学部建築学科卒業
二〇〇〇年、東京大学大学院工学系研究科より博士（工学）学位授与
財団法人文化財建造物保存技術協会を経て、現在、財団法人竹中大工道具館主席研究員

主要著書
日本建築技術史の研究

歴史文化ライブラリー
182

大工道具の日本史

二〇〇四年（平成十六）十一月一日 第一刷発行

著者 渡《わた》邉《なべ》 晶《あきら》

発行者 林 英男

発行所 株式会社 吉川弘文館
東京都文京区本郷七丁目二番八号
郵便番号一一三—〇〇三三
電話〇三—三八一三—九一五一〈代表〉
振替口座〇〇一〇〇—五—二四四
http://www.yoshikawa-k.co.jp/

印刷＝株式会社 平文社
製本＝ナショナル製本協同組合
装幀＝山崎 登

歴史文化ライブラリー

1996.10

刊行のことば

現今の日本および国際社会は、さまざまな面で大変動の時代を迎えておりますが、近づきつつある二十一世紀は人類史の到達点として、物質的な繁栄のみならず文化や自然・社会環境を謳歌できる平和な社会でなければなりません。しかしながら高度成長・技術革新にともなう急激な変貌は「自己本位な刹那主義」の風潮を生みだし、先人が築いてきた歴史や文化に学ぶ余裕もなく、いまだ明るい人類の将来が展望できていないようにも見えます。このような状況を踏まえ、よりよい二十一世紀社会を築くために、人類誕生から現在に至る「人類の遺産・教訓」としてのあらゆる分野の歴史と文化を「歴史文化ライブラリー」として刊行することといたしました。

小社は、安政四年（一八五七）の創業以来、一貫して歴史学を中心とした専門出版社として書籍を刊行しつづけてまいりました。その経験を生かし、学問成果にもとづいた本叢書を刊行し社会的要請に応えて行きたいと考えております。

現代は、マスメディアが発達した高度情報化社会といわれますが、私どもはあくまでも活字を主体とした出版こそ、ものの本質を考える基礎と信じ、本叢書をとおして社会に訴えてまいりたいと思います。これから生まれでる一冊一冊が、それぞれの読者を知的冒険の旅へと誘い、希望に満ちた人類の未来を構築する糧となれば幸いです。

吉川弘文館

〈オンデマンド版〉
大工道具の日本史

On Demand
歴史文化ライブラリー
182

2018年（平成30）10月1日　発行

著　者　渡《わた》邉《なべ》　晶《あきら》
発行者　吉川道郎
発行所　株式会社　吉川弘文館
〒113-0033　東京都文京区本郷7丁目2番8号
TEL　03-3813-9151〈代表〉
URL　http://www.yoshikawa-k.co.jp/

印刷・製本　大日本印刷株式会社
装　幀　清水良洋・宮崎萌美

渡邉　晶（1953〜）

ISBN978-4-642-75582-5